Relações e saberes na escola

Os sentidos do aprender e do ensinar

Coleção Leitura, escrita e oralidade

Messias Dieb
(Organizador)

Relações e saberes na escola
Os sentidos do aprender e do ensinar

autêntica

CAPA
Victor Bittow
(Sobre imagem de Tory Byrne, da stock.xchng)

EDITORAÇÃO ELETRÔNICA
Waldênia Alvarenga Santos Ataíde

REVISÃO
Vera Lúcia De Simoni Castro

AUTÊNTICA EDITORA LTDA.

BELO HORIZONTE
Rua Aimorés, 981, 8º andar . Funcionários
30140-071 . Belo Horizonte . MG
Tel: (55 31) 3222 68 19
TELEVENDAS: 0800 283 13 22
www.autenticaeditora.com.br

Dados Internacionais de Catalogação na Publicação (CIP)
(Câmara Brasileira do Livro, SP, Brasil)

Relações e saberes na escola : os sentidos do aprender e do ensinar / Messias Dieb , (org.) . — Belo Horizonte : Autêntica Editora, 2008. — (Coleção Leitura, Escrita e Oralidade)

Bibliografia.
ISBN 978-85-7526-345-7

1. Aprendizagem 2. Educação como profissão 3. Educação - Finalidades e objetivos 4. Ensino 5. Prática de ensino 6. Professores - Formação profissional I. Dieb, Messias.

08-07533 CDD-370

Índices para catálogo sistemático:
1. Aprendizagem : Educação 370
2. Ensino : Educação 370

Para Eryck e Iancka,

sobrinhos que, quase como filhos, me inspiram
a lutar por um mundo mais justo,
mais humano e menos
desigual.

Agradecimentos

Nenhum projeto humano se realiza individualmente, sobretudo quando se trata de um livro cuja temática de seus capítulos versa sobre as relações que os sujeitos estabelecem com o mundo, consigo mesmo e com os outros. Por isso, quero agradecer inicialmente a todos os autores que empreenderam comigo o desafio de refletir sobre a construção de *Relações e Saberes* no espaço social, histórico e cultural da escola, no qual também se convive e se vive práticas e experiências educativas.

Juntamente com esses autores, estendo meus agradecimentos:

Ao Dr. *Bernard Charlot* (Universidade de Paris 8/UFS), pela inspiração, por seu apoio e orientações, além do posfácio que escreveu especialmente para esta obra.

À Dra. *Élisabeth Bautier* (Universidade de Paris 8), pela gentileza de autorizar prontamente a tradução de seu texto para este livro, consoante suas próprias palavras:

"Cher Collègue, Je viens d'être contactée par Beatriz Lomonaco concernant votre demande de traduction d'un de mes articles. Je vous remercie de cette proposition. Je vous donne tout à fait mon accord. Bien cordialement Élisabeth Bautier "

À Dra. *Beatriz Lomonaco*, pela amizade, confiança e pela eficiente intermediação junto à Dra. Élisabeth Bautier.

Ao Dr. *Júlio César Araújo* (UFC), por seu companheirismo, amizade e incentivo constantes, a partir dos quais este projeto se tornou possível.

À *Rejane Dias*, em nome de quem agradeço a toda a equipe da Editora Autêntica, pelo profissionalismo e eficiência na editoração deste livro.

Sumário

Os sentidos do aprender e do ensinar: trilhando a organização do livro

> *O homem aparece diante de nós como um ser problemático, como um ser que busca sentido, que quer justificação de sua existência e assumir responsavelmente seu destino.*
> Escalona (1983, p. 45)

O homem, para se tornar humano, ou seja, para se educar, sempre esteve em relação "com", já que sua característica primordial é a incompletude. Por esse motivo, a educação sempre esteve associada a um sistema de relações sociais dentro do qual se tornou possível "a interação complexa de todos os fatores implicados na existência humana, desde o nosso corpo até as nossas ideologias" (GATTI, 2002, p. 13). A partir desse sistema de relações, a educação também se institucionalizou e se fez presente nos estabelecimentos escolares, os quais têm sido eleitos na contemporaneidade como o *locus* autorizado para se pensar formas de trabalho e atividades que possibilitem a transmissão do saber construído pela humanidade às novas gerações.

À frente desse processo, as instituições escolares e sua cultura têm promovido uma verdadeira divisão social do saber e se transformado, na perspectiva de autores como Bourdieu & Passeron (1992), em instâncias não neutras, responsáveis pela reprodução da estrutura das relações entre as classes sociais. Isso se justifica porque, desde os tempos da *Paidéia*[1] até

[1] Na Grécia antiga, a Paidéia representou a criação de um conjunto de instituições, valores, mitos, pessoas e práticas sociais que visavam à formação do homem grego, baseada, especialmente, nas características do nobre guerreiro, capaz de matar e morrer em defesa da pátria. Nessa época, a sociedade grega era composta de pequenas cidades com características homogêneas, e a Paidéia tinha por objetivo consolidar ainda mais essa homogeneidade (cf. JAEGER, 1955).

hoje, a educação tem sido utilizada, quase sempre, para o fortalecimento de valores e para o alcance de objetivos que não condizem, plenamente, com os ideais de liberdade e de igualdade entre os homens. De acordo com Brandão (1991), a educação foi aos poucos sendo associada a algum tipo de interesse político, por meio do qual se estabeleceu uma relação entre o saber e o poder daquele que sabe. Dessa maneira, a escola estaria a serviço das intenções de reprodução, de manutenção e legitimação do poder das classes dominantes sobre as classes dominadas mais do que empenhada em libertar o homem da ignorância e da submissão imposta por seus opressores.

Sob esse prisma, a escola tem representado para alguns sujeitos das classes menos favorecidas uma cultura "estrangeira", pouco baseada no saber, e cuja relação deles com essa cultura tem se construído de modo tenso, embaraçoso, árduo e desmotivado. Além disso, tem estado mais próxima de um campo de lutas e resistências, tanto para os alunos como para seus professores, do que de um lugar prazeroso ou de lazer consagrado ao estudo, tal como sugere sua etimologia grega (*schole*). Por não podermos negar ou desconsiderar essa realidade, já que o dia-a-dia de nossas escolas é fortemente caracterizado pela contradição, compreendemos que a educação, assim como a vida, tem sempre a necessidade de ser "reinventada", haja vista a possibilidade que lhe é inerente; e esse processo só é possível porque, como dizia Paulo Freire (2000, p. 57), os homens e as mulheres são seres éticos. Como tal, ainda que sejam capazes de realizar coisas indignas, são também "capazes de intervir no mundo, de comparar, de ajuizar, de decidir, de romper, de escolher, capazes de grandes ações, de dignificantes testemunhos". Com base nessa perspectiva, pode-se afirmar que o indivíduo é sempre capaz de superar seus obstáculos e de encontrar uma "saída" para a dominação que lhe é imposta.

De modo semelhante, Charlot (2000) nos diz que, graças à condição de sujeito, o indivíduo, mesmo na situação de dominado, interpreta o que está em sua volta, "resiste à dominação, afirma positivamente seus desejos e interesses, [e, além disso, procura] transformar a ordem do mundo em seu próprio proveito" (p. 31). Isso se torna possível na medida em que o sujeito está sempre reinterpretando suas experiências na busca de atribuir um sentido para elas. Assim sendo, ao falar da relação com o saber como uma experiência do sujeito, o autor salienta que nunca se pode esquecer que o saber é o centro dessa experiência. Por esse motivo, mais do que um lugar de reprodução das desigualdades sociais, a escola deve ser vista como um lugar onde o professor está se esforçando para ensinar uma série de coisas a seus alunos e estes, por sua vez, estão tentando aprendê-las.

É, pois, com foco nessa perspectiva de escola, como *locus* de aprendizagem, e de educação, como desenvolvimento da autonomia dos sujeitos, que este livro se propõe a penetrar nas relações e saberes que são construídos fora e no interior da instituição escolar e, a partir deles, compreender os sentidos que perpassam tanto o ato de *aprender* como o de *ensinar*. Além de experiências na França, o livro é composto, em sua maior parte, por artigos que retratam situações escolares no Brasil, analisadas prioritariamente com base na abordagem e na noção de relação com o saber. Segundo Beatriz Lomonaco, neste livro, a referida noção se enriqueceu, nas Ciências da Educação, com pesquisas cujos temas e abordagens se tornaram bastante diversificados, tentando dar inteligibilidade às muitas relações do(s) sujeito(s) com o saber, sua produção, sua apropriação e sua transformação. Nesse sentido, o presente livro está organizado em três partes, mediante as quais se "polifoniza" um profícuo diálogo entre os seguintes temas: 1) *a educação escolar e as diferenciações sociais*, 2) *o sujeito e suas relações com o aprender leitura e escrita* e 3) *os saberes docentes e a relação com o ensinar*.

A primeira parte do livro se compõe de dois capítulos. O primeiro deles é de autoria de *Élisabeth Bautier* e apresenta possíveis explicações para se compreender como são produzidas hoje as dificuldades socialmente diferenciadas e diferenciadoras para os alunos dentro do espaço escolar. Ao basear-se em experiências escolares de alunos em bairros populares de Paris, a autora sugere que tais dificuldades estão associadas às formas, aos conteúdos e aos pressupostos da escola, os quais exigem dos alunos outro modo de lidar com seus hábitos sociocognitivos e de linguagem já construídos, com seus valores, seus modos de ser no mundo e de se posicionar ante os outros. Na mesma direção, *Beatriz Lomonaco*, no segundo capítulo, traz essa discussão para o Brasil, focalizando as relações que crianças e jovens de comunidades da zona rural estabelecem entre a escola e sua vida, bem como o sentido da escola para essas comunidades e os saberes e aprendizagens que são por elas valorizados e transmitidos. Por conseguinte, tanto a experiência francesa como a brasileira nos fazem observar que os estabelecimentos escolares, em ambos os países, pecam por estarem pouco atentos às significações cognitivas e culturais de seu público e por não perceberem que suas ações, às vezes, parecem absolutamente "fora do lugar" no que concerne ao desenvolvimento dos alunos.

A segunda parte do livro trata mais especificamente das relações que os sujeitos constroem com a leitura e a escrita, seja no âmbito mesmo da escola, seja fora dela. No que diz respeito às relações com a leitura e a escrita no interior da escola, *Ana Lúcia Espíndola* discute a leitura nos primeiros anos de escolarização, enfocando o modo como as crianças têm entrado no mundo da escrita e se tornado sujeitos leitores. Ainda sobre esse tema, *Sylvie Delacours-Lins* apresenta uma análise acerca dos processos de representação e de mobilização das crianças em fase de alfabetização relativos à aprendizagem da leitura, focalizando a clareza cognitiva, a consciência metacognitiva e as competências daquelas crianças nessa atividade. Para finalizar, *Júlio César Araújo* reflete, para além do ambiente escolar, sobre a apropriação da atividade de escrita no meio digital, o *internetês*, considerando-a não como a aprendizagem de uma nova língua, mas como um novo modo de o sujeito se relacionar com o sistema de escrita alfabética. Além de destacar a mobilização dos sujeitos para o uso dessa variedade lingüística, o autor instiga o debate ao analisar as figuras do aprender e os processos epistêmicos que gravitam em torno da prática de escrita na internet, a qual tem sido responsável pelos muitos medos, inseguranças e preconceitos gerados no interior da escola. Portanto, essa parte do livro salienta uma contribuição efetiva da teoria da relação com o saber na medida em que nos deixa perceber que a aprendizagem do sujeito está atrelada às próprias concepções acerca do que deve ser aprendido ou apropriado, tal como ocorre no exemplo das atividades de leitura e escrita.

Em sua terceira parte, o livro mostra experiências escolares específicas e os desafios que demandam dos professores a construção de saberes, os quais possibilitam o estabelecimento de uma significativa relação com o ensinar. Assim sendo, *Karine Santos & Rute Baquero* buscam compreender a relação de um grupo de professores com o saber e com o ofício docente em classes de Educação de Jovens e Adultos (EJA). Para as autoras, o professor de EJA interpreta seu oficio como uma relação humana na qual os fatores fundamentais para o processo ensino-aprendizagem e para a própria formação do professor passam pelo ato de conhecer a si mesmo e de conhecer a seu outro, no caso o(a) aluno(a). Igualmente interessado na relação do professor com o ensinar, eu, *Messias Dieb*, encerro esta parte do livro discutindo os significados que os professores da Educação Infantil (EI) formulam acerca da função que desempenham, bem como analiso os investimentos que fazem para a construção de seus saberes. A junção dessas temáticas se justifica na medida em que, se é possível encontrar especificidades no que diz respeito ao ensino de EJA, a EI não poderia ser negligenciada, pois compartilha com ela, entre outras coisas, dificuldades de ordem financeira, problemas com a valorização e a formação dos docentes, além das particularidades inerentes ao próprio perfil dos públicos atendidos.

Ao finalizar o livro, um posfácio escrito por *Bernard Charlot*, enfocando os fundamentos e usos do conceito de relação com o saber por ele desenvolvido, "carimba" a riqueza desta coletânea que já se faz perceber, segundo esse pesquisador, ante a ampla discussão acerca da educação. Essa se tem efetivado comumente como processo e produto da atividade social dos que "tomam a seu cargo a tarefa de assumir, controlar e recodificar domínios, sistemas, modos e usos do saber e das situações coletivas de distribuição do saber" (Brandão, 1991, p. 33). Em acréscimo, a abordagem teórica da relação com o saber se faz relevante, como fio condutor do debate promovido pelos autores deste livro, devido a sua suposição de que a mobilização ou não dos sujeitos para o *aprender* tem uma ligação direta com o significado que eles atribuem ao *saber*, conquanto atividade intelectual, e à *escola*, como articuladora dessa relação. Desse modo, o livro visa especialmente à compreensão dos sentidos que são atribuídos por alunos e professores às experiências que perpassam as relações por eles estabelecidas entre os saberes adquiridos na vida e os que se processam no interior das instituições escolares.

Messias Dieb
Universidade do Estado do Rio Grande do Norte
Departamento de Educação – *Campus* de Assú – RN
Novembro de 2007

Referências

BOURDIEU, P. & PASSERON, J. C. *A reprodução: elementos para uma teoria do sistema de ensino*. 3. ed., Rio de Janeiro: Francisco Alves, 1992.

BRANDÃO, C. R. *O que é educação*. 26. ed. São Paulo: Editora Brasiliense, 1991.

CHARLOT, B. *Da relação com o saber: elementos para uma teoria*. Trad. de Magne, B. Porto Alegre: Artmed, 2000.

ESCALONA, S. L. *Antropologia e educação*. São Paulo: Edições Paulinas, 1983.

FREIRE, P. *Pedagogia da autonomia: saberes necessários à prática educativa*. 15. ed. São Paulo: Paz e Terra, 2000.

GATTI, B. A. *A construção da pesquisa em educação no Brasil*. Brasília: Plano Editora, 2002 (Série Pesquisa em Educação, v. 1).

JAEGER, W. *Paidéia: a formação do homem grego*. São Paulo: Martins Fontes, 1955.

PRIMEIRA PARTE

A educação escolar e as diferenciações sociais

Formas e atividades escolares: secundarização, reconfiguração e diferenciação social*

Élisabeth Bautier

Considerações iniciais

Compreender o que causa hoje as dificuldades socialmente diferenciadas e diferenciadoras para os alunos, dentro do espaço escolar, inscreve-se para nós em uma perspectiva que se ocupa, ao mesmo tempo, da evolução das formas, dos conteúdos e dos pressupostos escolares. Mais precisamente, essa perspectiva se ocupa em estudar o que os alunos fazem das situações escolares que lhes são propostas, considerados seus hábitos sociocognitivos e de linguagem[1], assim como seus valores, modos de ser no mundo e de se posicionar perante os outros e o aprendizado que constroem e expressam potencialmente em oposição aos costumes, valores, modos de ser no mundo e aprendizados que a escola veicula sem proporcioná-los, verdadeiramente, a todos os alunos.

A análise dos programas escolares e práticas cotidianas propostos aos alunos, desde a educação infantil (*Maternelle*)[2] até a conclusão da educação básica fundamental (*Collège*)[3], tomada sob o ângulo das práticas sociocognitivas

* Traduzido do francês pelo Prof. Dr. Messias Dieb (UERN), com revisão técnica da Profa. Dra. Ângela Mesquita (UFC) e do Prof. Roberto Menezes (graduando em Letras/Francês pela UFC), aos quais se tece um especial agradecimento.

[1] *Langagières*, no original.

[2] N. de R. T. A escola na França é obrigatória apenas dos seis aos dezesseis anos, mas a maioria das crianças começa a estudar por volta dos três anos de idade.

[3] N. de R. T. Segundo Charlot, o Colégio (*collège*) corresponde ao primeiro ciclo do ensino secundário e dura quatro anos (*6ème, 5ème, 4ème e 3ème*). O segundo ciclo do ensino secundário é o Liceu (lycée) e tem duração de três anos (*Seconde, Première e Terminale*). No Brasil, eles seriam equivalentes aos anos finais do Ensino Fundamental e ao Ensino Médio, respectivamente (cf. CHARLOT, B. Relação com o saber entre a escola e os estudantes da periferia. *Cadernos de Pesquisa*. São Paulo: Fundação Carlos Chagas, n.º 97, maio 1996. pp. 47-63).

e de linguagem presumidas nesses sujeitos, faz surgir conseqüentes evoluções, em parte contraditórias, mas que participam de um aprofundamento em função de uma relação "secundária"[4] com a língua e com o mundo.

Essa relação "secundária", por não ser exatamente imediata, espontânea, mas mediada, trabalhada, apropriada pelo viés de reiteradas e embaraçosas situações, pode "prejudicar" somente os alunos menos familiarizados, tais como as crianças, com esses usos bastante específicos da longa escolarização e das práticas de saber e de escrita que lhes são inerentes.

Secundarização, reconfiguração: atividades sociocognitivas e de linguagem

Os termos "secundário" e "secundarização" encontram sua origem na distinção de Bakhtin (1984) entre os gêneros (do discurso) primários e secundários, elaborada para um campo de práticas (a produção literária) distante do campo escolar. Os gêneros primários podem ser descritos aqui como exemplos de uma produção espontânea, imediata, ligada ao contexto que a suscita e que existe somente por ele, no "esquecimento" de uma aprendizagem qualquer ou tarefa subjacente. "Nascem da troca verbal espontânea, são fortemente ligados à experiência pessoal do sujeito" (Schneuwly, 1994). Os gêneros são secundários logo que formados a partir dos primários, os quais são trabalhados, reinterpretados em uma finalidade que esgota a conjunturalidade de sua formação, supondo, portanto, uma produção discursiva que significa bem mais do que a interação na qual ela pode conjunturalmente se situar.

Os instrumentos semióticos e suas potencialidades

Essa noção, que nos parece heurística quanto ao trabalho de tornar inteligíveis os fenômenos de diferenciação escolar, apresenta-se para nós com um sentido mais amplo e repousa sobre o princípio, acerca do qual se referem os trabalhos de Bernstein (1975a; 1975b; 1992), de uma conexão entre a utilização das formas de linguagem e as relações que elas supõem com a linguagem, com o texto, consigo, com o mundo e com sua experiência. Para Bernstein (1975a), assim como para nós aqui[5], os tipos de regulação da

---

[4] N. de R. T. Esse termo foi utilizado no original para definir uma relação mediada, não espontânea, da criança com a língua e com o mundo, afastando-se aqui a idéia de uma relação de segunda ordem, ou seja, de menor importância.

[5] Além das noções de código restrito e código elaborado que descrevem essas relações e esses usos em seus trabalhos.

linguagem, os usos da linguagem e as formas lingüísticas, que os põem em funcionamento e os constroem ao mesmo tempo, são partes constitutivas das formas de relações sociais e dos modos de socialização e "criam (nos sujeitos) estruturas particulares de significação (Bernstein, 1975a)", ou seja, modalidades de percepção cognitiva do mundo, das situações, dos objetos... Esse princípio se apóia na concepção de uma relação estreita entre instrumentos semióticos construídos nessas práticas e instrumentos mentais, formando entre práticas sociais, socialização, instrumentos semióticos e instrumentos mentais.

As utilizações da linguagem e as formas lingüísticas (lexicais e sintáticas, mas também textuais) que esses instrumentos mobilizam são do mesmo modo instrumentos de categorização, de organização do mundo, assim como são, segundo exatamente seus usos e formas, instrumentos de retorno possível à experiência, da elaboração desta em conhecimentos que se tornam partilháveis e cumuláveis, instrumentos ainda de elaboração de saberes que podem ser inteiramente construídos na linguagem em si. Os instrumentos semióticos movem potencialmente diversas funções segundo as utilizações deles nas diferentes esferas sociais. Essas formas de uso podem construir significações que, ao resultarem de uma utilização imediata dos recursos verbais considerados como partilhados, podem se manter implícitos e pouco coletivos, salvo se esse implícito é o que é partilhado por um grupo. Podem ser possibilidades de reconfiguração e de deslocamentos de uma significação. Podem ainda, quando os instrumentos semióticos – lingüísticos ou não – fazem o objeto de uma reelaboração coletiva, que devolve às situações de trabalho aquilo que as motivam (e as motivaram na história de sua elaboração), permitir a (re)construção de significações culturais amplas e partilháveis porque tendem a ser elucidadas por todos.

Essas potencialidades plurais dos instrumentos semióticos, da linguagem em particular, dão, portanto, espaço a funcionamentos cognitivos e de linguagem bastante diferentes, tanto coletivos quanto individuais, que podem ser lugar de diferenciação escolar se as práticas institucionais e de ensino não estiverem atentas à natureza das construções mentais e da significação que elas suscitam. Parece-nos que são assim, exatamente, obrigações e pressuposições pertencentes aos processos e fenômenos de inscrição em um universo de linguagem e de saberes "secundários", inerentes ao próprio princípio da escola, de seus saberes e das atividades de linguagem, e que correspondem ao terceiro tipo de potencialidade evocado acima.

A expectativa escolar de tal inscrição deveria caminhar lado a lado, para que todos os alunos pudessem alcançá-la, com as aquisições (que são também elementos de desenvolvimento de sujeitos) tanto do conhecimento da existência de uma dimensão letrada e secundária quanto da propriedade dos saberes escolares e de sua constituição, bem como da possibilidade de uma pluralidade de deslocamentos em relação a um universo "primário" e à vida cotidiana. Mais precisamente, essas aquisições correspondem a diferentes dimensões que, igualmente à situação de sala de aula construída entre o professor e os alunos, devem motivar esses últimos a "movimentar-se", a pensar de outro modo, a reconfigurar; referem-se a uma pluralidade de competências que retornam aos modos de escrever, de pensar, de ser na sala de aula, de aprender, e se realizam no confronto com "lugares" e objetos diferentes da sala de aula[6].

As diferentes dimensões a reconfigurar

Essas competências podem corresponder a objetos e suportes da atividade que o aluno pode considerar em sua existência e seus usos cotidianos não-escolares. Ou ainda, como objeto da tarefa escolar apreendida em seu aqui e agora, no momento em que está em sala de aula, desafiado por questionamentos que convocam universos de saberes, objetos de estudo e para o estudo, recursos de aprendizagem, objetos de análises e comentários.

Podem corresponder aos saberes e ao que o aluno considera e constrói como tal. Para determinados alunos, os saberes podem ser assimilados a saberes da ação escolar, pontuais (e de fato os comumente avaliados a esse respeito, tais como responder uma pergunta, procurar um documento, colar vinhetas, por imagens em ordem, participar das trocas verbais) e que não incluem aquilo que essas ações permitem elaborar para além de sua prática. A constituição dos saberes como correspondentes a questões postas, além de si e da situação imediata, por uma cultura e homens que os precederam, é, hoje, uma dimensão do sentido da escola que é de difícil apreensão para os alunos, os quais avaliam os saberes à medida de uma verdade ou de uma utilidade que lhes é externa. Essa constituição dos objetos da ação escolar em saberes partilhados coletivamente, e que não é pertinente validar no próprio nome, faz parte dos modos de ser, secundarizados, em relação ao saber e do que permite a este ir além de si, tornando não pertinentes os critérios da ação cotidiana. Certa reconfiguração de objetos de saber não é dada imediata-

[6] A fim de ampliar essa reflexão, remetemos o leitor a uma importante discussão de Júlio César Araújo, nesta obra, sobre o modo de escrever na internet, o *internetês*, o qual tem despertado inúmeros receios por parte da escola. De acordo com o autor do trabalho, tem-se questionado acerca de uma possível influência negativa do *internetês* na escrita canônica, ensinada nos bancos escolares. Nesse sentido, o autor defende que a escola precisa abolir o medo e refletir sobre quando e como potencializar ainda mais o aprendizado e a interação entre os alunos, considerando essa nova atividade de escrita.

mente pelo único viés que lhe é familiar, tal como a manifestam os alunos que, em vez de constituir o romance *L'Étranger* de Albert Camus como uma obra a ser analisada em sua economia, sua situação histórica e literária, se detêm apenas no registro da história "de um branco que mata um árabe e que isso é odioso".

Outra competência é a dos gêneros do discurso produzidos na atividade de linguagem tomada por ela mesma ou produzida simultaneamente a uma outra atividade, em ciências, por exemplo. Esses discursos podem ser de gêneros secundários ou de gêneros primários ou estar entre os desnivelamentos de um *versus* o outro, e até mesmo na mistura dos dois, de acordo, exatamente, com as diferentes interpretações que fazem os alunos.

A língua é ainda outra competência, mais precisamente, a maneira como o aluno a constrói como objeto analisado, gramaticalizado (submisso às regras explicitadas na e com a escrita), não somente nas atividades da qual é o objetivo primeiro, mas também nas outras produções lingüísticas. Podemos considerar que a atenção aos elementos finais das realizações lingüísticas, aqueles cujo sentido é inteiramente fundado na escrita e na realização da dimensão textual (a pontuação, por exemplo), é um índice da familiarização com a dimensão secundarizada da língua.

Podemos apenas ressaltar, em função dos resultados de alunos em Zonas de Educação Prioritária (ZEP) diante das avaliações[7] nacionais de francês no Colégio, precisamente na *6ème*, que essa relação com a língua e os conhecimentos morfológicos e sintáticos que dela resultam são pouco partilhados. Formulamos a hipótese de um efeito de ênfase posto há vários anos sobre uma escrita instrumental e sobre a produção de longos textos escritos. Essa produção é hoje efetivamente mais fácil do que ao tempo das redações do século passado (séc. XX), mas ela o é, em parte ao menos, em detrimento das competências lingüísticas. As recentes instruções concernentes ao ensino da língua no Terceiro Ciclo, que implicam uma observação racionalizada da língua, traduzem, sem dúvidas, essa mesma constatação.

Outra competência, enfim, é a do estatuto e do lugar do aluno tal como ele os constrói e neles se representa: aqueles de uma criança que fala ou escreve em seu próprio nome, isto é, independentemente de toda memória da sala de aula ou de um registro do saber, mas em referência à experiência particular a ser partilhada por ela mesma, ou aqueles da criança ou adolescente que pensa na sala de aula como um grupo (ou um subgrupo) de companheiros perante os quais tem uma imagem a construir e/ou a conservar. Aqueles, ainda, do aluno que participa do coletivo da sala de aula como um grupo

[7] Para uma análise desses resultados, ver Bautier & Branca-Rosoff (2002).

"aculturante"[8], e que, a esse respeito, interroga(-se) e reconfigura os saberes e experiências já construídos, devendo, entretanto, ao fazê-lo, reconfigurar também seu lugar e seu estatuto, desde que se situe nos dois primeiros casos.

Considerados do ponto de vista do aluno e não dos "objetos" e "lugares" escolares, os termos secundarização e reconfiguração enfatizam a dimensão sociocognitiva das aprendizagens e das construções escolares e supõem, para que esse trabalho se realize, que ele se situe paralelamente sobre vários registros que detalhamos a fim de desenvolver uma definição complementar dos processos e procedimentos de deslocamentos anteriores:

- um registro cognitivo que implica o trabalho de transformação de uma experiência sensível, vivenciada, escolar ou não-escolar, em objeto de saber, portador de significação para si e/ou para os outros alunos, em um dado campo de saber; além disso, em objeto de questionamento potencialmente portador de generalidade. Um registro no qual a validação do que é dito não ressalta mais o real atestado e instituído como verdade, mas sim critérios de saber do coletivo da sala de aula ou dos saberes culturais e estabilizados, muito além desse coletivo, numa história de saberes institucionalizados;
- um registro simultaneamente discursivo e identitário, posto que o estatuto de enunciador não é mais diretamente a criança e sua experiência, ou seu saber, mas o aluno que participa do grupo da sala de aula rumo ao aprender e que o estatuto e o gênero do discurso são, desse modo, menos primários e comunicativos ou expressivos (ou o são apenas momentaneamente) do que elaborativos e secundários.

Nessa perspectiva, não consideramos ser possível reduzir as produções de linguagem, unicamente, à aplicação de regras "técnicas" de produção; quando tal for o caso, não se pode falar de atividade de linguagem de um sujeito, e sim no máximo de produção de textos[9].

A concepção que desenvolvemos possibilita analisar toda utilização da linguagem do ponto de vista do que ela mobiliza em seu autor, não somente

---

[8] Esta expressão, em Bonnéry (2003), identifica processos diferenciadores dos alunos pelo viés do tipo de grupo aos quais eles se identificam na sala de aula (e que o professor permite construir), no grupo do Nós, do Nós Todos familiares, do Nós Todos aculturante (que corresponde a um grupo de aprendizagem e de trabalho escolar) e do Nós étnico ou popular (que se opõe ao grupo do Eles).

[9] Essa observação não significa que as técnicas não sejam necessárias para escrever, elas podem mesmo se constituir em um instrumento interessante para certos alunos, trata-se, em contrapartida, de sublinhar que a atividade de linguagem da escrita não se reduz como tal à mobilização dessas ferramentas, as quais encontram de fato, e mais freqüentemente, suas origens mais nas descrições dos textos do que na análise dos processos de elaboração.

como recursos lingüísticos e de utilização da linguagem, mas também como posicionamento de si em relação aos objetos de utilização e de não-utilização da linguagem, em relação à própria atividade, seu objeto e suas finalidades.

Diferenciações sociais e relações com instrumentos semióticos

A inscrição de um sujeito em um universo de pensamento, de linguagem e de atividade "secundária" (como o da escola) nos interessa na perspectiva de uma análise das fontes de diferenciação social e escolar. De fato, essa inscrição não é "inata", ela ocorre junto com os modos específicos dos sujeitos sociais estarem com os objetos do mundo, com as atividades de compreensão e de aprendizagem, e põe a questão dos modos escolares de familiarização (e de aquisição, sendo essa, sem dúvida, uma questão profunda) em relação a essas "maneiras de ser". Ela interroga a significação e a extensão dos deslocamentos que tal inscrição supõe para os alunos em relação a seus hábitos sociocognitivos e seus valores[10].

Em relação aos deslocamentos que acabam de ser evocados, poderíamos falar, sem dúvida, para determinados alunos, quando a escola não leva em conta seus hábitos sociocognitivos, até na exigência de rupturas; rupturas com a experiência e com os conhecimentos cotidianos, com a funcionalidade dos objetos do mundo, ruptura ainda com a espontaneidade dos gêneros discursivos corriqueiros, com uma língua que visa à comunicação e à expressão pessoais. Entretanto, a noção de reconfiguração que utilizamos repetidas vezes nos parece mais pertinente que a de ruptura quando se trata de considerar as atividades solicitadas pela escola e que os alunos com menos dificuldades realizam, mesmo que elas não sejam o objeto de uma aprendizagem explícita. Assim, esses alunos, instigados ou não a fazê-lo por parte dos professores e dos quadros de atividades apresentados, mobilizam experiências e conhecimentos, ou mesmo saberes, que foram constituídos em um quadro escolar ou não escolar, porém, longe da situação de sala de aula, o que implica, então, reconfigurar o novo quadro de atividade e de saberes que essa situação construiu.

Não se trata, pois, como é o que ocorre mais freqüentemente, de rejeitar (de fazer ruptura com) toda experiência e referência a um cotidiano não-escolar, ou a um outro momento escolar, com o que pensam alguns alunos quando chegam ao colégio, mas de as (re)pensar em um trabalho de

[10] Esses deslocamentos e suas dificuldades de apropriação foram os objetos de análise em um trabalho junto aos alunos do ensino médio. Para mais detalhes, cf. Bautier & Rochex (1998).

reconfiguração, de recontextualização. Pretendemos, assim, dizer que o que se passa na escola e o que desfavorece e desvaloriza determinados alunos de meios populares não se reduz a uma questão de conteúdo de saberes claramente identificáveis como um elemento do programa curricular, e que seria inadequado, mas aponta para os métodos de construção de conhecimentos que, sendo insuficientemente pensados como coletivos e familiarizados com uma cultura sociocognitiva nova para alguns, continuam a ser-lhes opacos e alimentam a possibilidade de excluí-los[11].

Práticas escolares de secundarização: práticas construídas ou diferenciadoras?

As expressões "secundarização" e "reconfiguração" marcam assim para nós não somente a transformação possível de um discurso primário em um discurso secundário, mas também e, sobretudo, os deslocamentos necessários dos modos de dizer, de pensar, de ser do aluno, nessa constante reelaboração dos "objetos" primários para operá-los em um novo quadro. E como se podem operar esses deslocamentos descritos acima, participantes de transformações do próprio sujeito? A questão surge porque os gêneros discursivos "secundários" apresentados aos alunos, quaisquer que sejam as disciplinas e os objetos desses discursos, não apresentam uma construção suficientemente obrigatória nem formas e modelos que permitam construir no aluno uma "ferramenta" psicológica que o leve a tais deslocamentos e transformações. A dimensão secundária da linguagem, da relação com os objetos... e as reconfigurações que ela ocasiona, quando não reduzida aos elementos de forma puramente lingüística ou discursiva, parece permanecer implícita justamente quando se trata do fator cognitivo como parte das evidências que cada um está inclinado a compartilhar.

Mais ainda, se examinarmos as situações de ensino e de aprendizagem do ponto de vista de quem é suscetível a ajudar ou a punir os alunos em sua apropriação dos deslocamentos necessários, os índices que fornecem as atividades dos professores são fluidos, ou até mesmo contraditórios. Há várias razões aí. A construção e a condução das situações de ensino e de aprendizagem são necessariamente heterogêneas. Por um lado, convocando objetos e experiências do mundo (entenda-se da língua) que estão apenas para "secundarizar" e, por outro, no modo como elas se dão nos contextos

---

[11] Apoiada em dados empíricos, Ana Lúcia Espíndola, neste livro, afirma que a cultura escolar do fracasso e do sucesso, da promoção e da retenção já se faz presente desde muito cedo nas falas infantis.

médios e micros, nas interações (professor-alunos, alunos-alunos) entre sujeitos sociais concretos, que não se situam nem podem imediatamente situar-se acerca de um registro secundarizado. Em conseqüência, apesar dessa heterogeneidade constitutiva, a análise das condutas docentes na sala de aula revela um jogo constante (e de uma possível ambigüidade para os alunos) tanto entre os estatutos dos objetos de linguagem, cognitivos, materiais, como nos registros de interação.

A condução da sala de aula, o avanço do tempo didático – mesmo quando são regidos por essa exigência de secundarização a ser construída e partilhada – o que está longe de ser sempre o caso – demandam, pois, que os alunos possam recuperar, identificar e operar, *por eles mesmos*, tanto as mudanças de estatuto dos objetos e dos conhecimentos no espaço e no tempo da sala de aula quanto as mudanças quase incessantes dos eventos discursivos e semióticos nos quais essas mudanças de estatuto de realizam. Daí resultam as dificuldades que são constatadas, na maioria das vezes, na passagem dos momentos de ação ou de evocação dos objetos e de experiências do mundo aos processos de descontextualização e de institucionalização, ou mesmo aos processos de validação das tarefas realizadas, ou ainda nos momentos da aprendizagem que demandam a reorganização dos saberes antigos junto aos novos saberes[12].

Hoje, a partir da educação infantil, e mais ainda dos anos iniciais do ensino fundamental, esses deslocamentos qualitativos de práticas cognitivas e de linguagem são apresentados, ou mesmo pressupostos como praticáveis, aos alunos sem que as contradições da tarefa a ser feita permitam sempre a entrada nesse ato de pensamento e de ação. Os objetos de aprendizagem são apresentados aos alunos em um estatuto pouco diferente daquele que eles podem ter fora da escola; tal como o da língua em seus usos de comunicação e expressão, o da meteorologia, o do peixe vermelho ou da planta a serem observados, dos objetos para recortar ou dos rótulos para colar, mencionando as palavras ou as letras. No entanto, o trabalho escolar sobre esses objetos supõe a construção de um tipo de atividade de linguagem não-corriqueira (atividade de comentário, de transformar as observações em palavras, e não em sentimentos ou associação de idéias, de construção dos objetos de saber dentro dos discursos, de constituição da língua em objeto e em objeto gramaticalizado).

Trata-se, por conseguinte, no melhor dos casos, de conduzir, e na maioria das vezes, de supor uma secundarização ligada às formas letradas de

---

[12] Para Delacours-Lins, nesta coletânea, é nesse momento que o incentivo da sociedade e da família, assim como a mediação do professor, tendem a possibilitar às crianças a percepção de que os saberes adquiridos no âmbito escolar também possuam grande relevância e utilidade nos ambientes extra-escolares, e vice-versa.

pensamento e de relação com o mundo[13]. Podemos evocar aqui, como exemplo, a prática de classificação de imagens no ensino médio (ou mesmo antes) não por sua forma, sua cor, pelo uso do objeto representado no mundo cotidiano, nem mesmo pela categoria genérica do objeto (um animal, um vestuário...), mas a partir da primeira letra da palavra, o que supõe a familiaridade com um sistema simbólico altamente sofisticado.

Injunções contraditórias

Essas expectativas escolares precoces (mais do que construções coletivas que asseguram a satisfação possível na participação de todos) e as práticas de sala de aula que delas derivam podem ser analisadas como exemplos de várias lógicas heterogêneas e, além disso, convergentes. Elas são preparatórias de e em continuidade à longa escolaridade; correspondem às atividades cognitivas e de linguagem dominantes nas formas sociais legítimas de trocas e de trabalho relativas ao desenvolvimento da longa escolaridade na França; vinculadas ao desenvolvimento do setor terciário e à autonomia no trabalho; relativas ainda, sem dúvida, às evidências cognitivas e sociais de professores cujo nível de formação universitária elevou-se e cujas práticas socioculturais são práticas familiarizadas com as atividades secundarizadas[14].

Entretanto, paralelo à questão acerca dos desafios de tais exigências desde os primeiros momentos da escolaridade, parece-nos necessário relacioná-las com aquelas correspondentes a uma outra lógica que, apesar de pouco compatível, ao menos suporia, como estratégia de ajuda aos alunos, uma clara identificação de momentos e de modos de agir com os objetos e com a linguagem que lhes são adequados. Evocamos aqui o desenvolvimento de um movimento iniciado há mais de um século na escola[15] que visa permitir a expressão "natural", diríamos hoje, pessoal, da criança (presente em cada aluno).

---

[13] O conteúdo desses dois parágrafos foi discutido também no artigo de Bautier & Rochex (2004).

[14] Poder-se-ia aqui interrogar a formação dos professores na competência de desenvolvimento da criança e de suas atividades cognitivas de linguagem. Certamente, não se trata de retornar à ascendência da concepção estática de Piaget sobre o desenvolvimento da criança (ou preferir a sua utilização vulgarizada); uma perspectiva vigotskiana, que reúne desenvolvimento e aprendizagens, parece bastante preferível e mais pertinente dentro do sistema escolar. Mas, trata-se, conseqüentemente, de pensar as situações de sala de aula em termos de situações de aprendizagem e não de crer que esta última se desenvolva unicamente com a assiduidade ou com o simples "estar presente" (cf. BONNERY, 2003), ou ainda que a familiarização ocasione a aprendizagem.

[15] E que se encontra na rejeição limitadora da escrita do mesmo modo que freia a imaginação.

Esse procedimento que pode favorecer pronunciamentos espontâneos, mobilizando um universo de experiências, de opiniões ou de gostos que se constrói fora da escola, e que poderia aparecer como reconhecimento dos universos sociocognitivos dos alunos, vem, desse modo, juntar-se aqui aos sistemas de atividades cognitivas e de utilização da linguagem que retornam às exigências de um modo secundário de dizer e de elaborar bem distante dos universos de alguns entre eles. Os alunos têm geralmente de fazer sozinhos a identificação dessas diferentes situações e de suas exigências, além de ter de "aderir" à hierarquia implícita da escola, pelo menos para identificar quando, em diferentes situações, o discurso dos professores, sob a forma de injunções contraditórias (ser comunicativo, espontâneos e "secundários"), pode iludi-los sobre os reais desafios dessa palavra.

A "ilusão", tão grande quanto a valorização das situações discursivas, de expressão e de comunicação espontâneas e pessoais (que torna bastante difícil a emergência de critérios claros de validação, além da participação dos alunos na sala de aula), converge com o discurso dóxico sobre a motivação dos alunos e sobre a suposta ajuda trazida pela freqüência de objetos familiares entremeados com os objetos de saberes escolares (é assim nos enunciados de problemas matemáticos (Butlen; Peltier-Barbier; Pézard, 2002), nas situações de observações em ciências...). Essa *doxa* tende a aumentar para determinados alunos a dificuldade em identificar, nas tarefas apresentadas, os desafios cognitivos a serem construídos em um universo secundarizado. Em outras palavras, e na concepção que anteriormente havíamos desenvolvido, podemos descrever essa dificuldade como inerente ao fato de assegurar a continuidade intelectual das atividades e de sua finalidade por meio de tarefas e de objetos aparentemente heterogêneos.

Para melhor esclarecer, podemos relembrar o "bom aluno", aquele que, pela familiarização não-escolar e depois escolar, construiu os desafios cognitivos e culturais "secundários" das situações escolares, quaisquer que sejam; seu exemplo permite esclarecer as dificuldades e equívocos vivenciados pelos outros alunos. Caso se situe bem na lógica das atividades escolares, e na perspectiva de acúmulo de conteúdos, há para esse aluno a necessidade de construir sua continuidade intelectual, sua coerência, não pela limitação ao aqui e agora da atividade e do que ela veicula como saberes ou conhecimentos, mas pela reconfiguração de saberes e conhecimentos heterogêneos convocados pelo aluno hábil e que pode, dessa maneira, mobilizar uma variedade de fontes e de momentos de saberes diferentes, construindo ele mesmo o princípio organizador que os reconfigura. Se esse exemplo ilustra, mais uma vez, que não se trata de os alunos negligenciarem os seus conhecimentos não-escolares (e como o poderiam?), ele ressalta também a possibilidade de os alunos em menor grau de dificuldade suporem a mobilização de uma posição de trabalho que evita a aderência à situação imediata, posição de sobreinclinação, de *exotopia*, para citar Bakhtin[16] (1984) novamente.

Esse deslocamento em relação à situação imediata, que acabamos de evocar, não se reduz a uma competência cognitiva, adquirida ou não, ele é mobilizado, e aí ainda mais livremente, pelos alunos que identificaram e/ou construíram não somente os desafios cognitivos do trabalho escolar, mas também que se autorizam a ir buscar além do que diz o professor, ou seja, aquilo que como alunos ou como crianças eles já sabem de trás para a frente. Ora, muitos alunos não se sentem autorizados ou não sabem reconfigurar de maneira coerente, ou ainda não encaram essa possibilidade de reconfigurar, seja porque estão sós nas amarras do que pode então tornar-se "desnivelações" de processos de trabalho (ver na seqüência), seja porque se limitam a buscar apenas o que está presente no momento, e que, na maioria das vezes, é insuficiente ou ineficaz.

Formas de trabalho, de avaliação e de conteúdos escolares ao mesmo nível de um universo sociocognitivo secundário

Não se trata aqui de subestimar ou de relativizar acerca de uma forma particular e dominante de cultura e do trabalho de reconfiguração, a importância de introduzir os alunos em um modo secundarizado de dizer e de pensar; na escola atual, na sociedade atual, esses modos secundarizados de estar com o mundo, com a linguagem, com os saberes são indubitavelmente necessários, muito além de seu efeito potencial de dominação social. Eles se fazem necessários para se compreender o mundo no qual vivemos, e para se construir uma cultura comum, assim como para se apropriar dos saberes e de uma cultura patrimonial da qual eles são parte constituinte. Trata-se em contrapartida de ressaltar que, iniciada muito cedo nos alunos, e tendo em conta as formas atuais de atividades escolares, essa estratégia pode se revelar, no melhor dos casos (quando as práticas de ensino manifestam a necessidade de inscrever os alunos em um trabalho coletivo), tão-somente como uma aculturação progressiva e uma familiarização assistida, e não como um ensino explícito, verbalizado, individualizado.

Por outro lado, como "dizer" a secundarização, dizer o que é postura, distância, deslocamento, pôr em trabalho específico, modo de socialização? Compete então à escola construir essas práticas para que elas sejam

---

[16] De acordo com esse teórico russo, o termo *exotopia* designa uma posição espacial, e também temporal, de um sujeito em relação ao contexto e ao texto de outros sujeitos.

partilhadas, sem dúvida, na confrontação reiterada e não ambígua em relação às situações, às práticas e atividades tanto verbais como não-verbais, com retorno e validação por parte do professor; porém, é dentro dessa reiteração e de uma atividade normatizada, e não somente na assiduidade (no sentido, simplesmente, de estar presente (BONNÉRY, 2003), que tal socialização escolar pode se fazer. Ela é tão importante que faz parte das evoluções da escola e de suas práticas, não somente por tornar cada vez mais precoce sua mobilização, mas, paralelamente, por acrescentar em todas as atividades e disciplinas o componente das evidências de reconfigurações necessárias; essa evolução integra, pois, o conjunto dos fatores de maior diferenciação social.

Fazem parte dessa evolução, por exemplo, a generalização da atividade de análise e de comentários de documentos, desde a escola primária, a introdução do código escrito, desde a educação infantil e não apenas na Classe Preparatória[17] (cf. PEIFFERT-SÉBILLOTTE, 2003), do mesmo modo que a "disciplinarização" que se desenvolve há alguns anos, no que se impõe referente à linguagem e à língua, em particular, uma lógica de disciplina (o Francês como disciplina), uma centralidade sobre as dimensões textuais em detrimento dos próprios elementos da língua e sobre o texto como objeto em detrimento daquilo que ele veicula. Se, como vimos, as solicitações de uma expressão pessoal do aluno se fazem mais explícitas e valorizam essa expressão "espontânea", ao mesmo tempo, as atividades discursivas escritas e orais produzidas na elaboração a partir de si e/ou de documentos (atividades que, por revelarem exigências escolares, supõem um trabalho de reconfiguração) são largamente dominantes. É como se a aprendizagem da escrita e a própria escrita pudessem se operar sem recorrer ao que já fora escrito, por outros, como se os recursos pessoais, os quais se fazem necessário reconfigurar, devessem ser suficientes desde o terceiro ciclo.

Observamos, com Baptiste (2004), uma mudança nos programas curriculares do início do ensino fundamental em 2002, que podem marcar, ainda aqui, uma evolução, levando em conta as dificuldades de determinados alunos para produzir a partir somente de seus recursos:

> No que concerne à aprendizagem da escrita [...] esses programas curriculares fazem coabitar dois modelos distintos. Por um lado, a escrita, em cada um dos domínios disciplinares, é instrumento de escrituralização de conhecimentos e experiências. Por

[17] N. de R. T. *Cours Préparatoire* em francês, o qual corresponde à entrada da criança no ensino fundamental aos seis anos de idade.

> outro, é promovida uma escrita fundada sobre a leitura da literatura. E sobre esse plano, o "pastiche, a imitação, o desvio são as bases do trabalho de escrita" [*sem referência de páginas e com aspas no original*].

Assim sendo, a escrituralização supõe exatamente a secundarização trabalhada aqui.

Trata-se no momento atual, em muitas disciplinas, de ir além do ensino de saberes disciplinares constituídos, a fim de inscrever o aluno na produção de formas de utilização da linguagem e cognitivas das atividades especializadas dos campos de saberes de referência. Encontra-se assim, desde o início do Colégio (*6ème*), na disciplina de Geografia, não mais a aprendizagem somente dos mapas geográficos, mas a própria cartografia, ou mesmo as problemáticas que subjazem a escolha dessa ou daquela modalidade semiológica. Tomamos ainda o exemplo de um enunciado relativo a um trabalho denominado de "seleções de textos" em francês, no primário (ciclo dois ou três) (Garcia-Debanc; Planes; Roger, 2003). Dizem respeito a pequenos trechos de textos, com uma dezena de linhas, apresentados aos alunos que devem identificá-los, não graças a seu conteúdo, mas graças ao tipo de texto do qual eles emergem e, deste modo, o trabalho supõe que o texto seja considerado como um objeto formal no qual o sentido se situa no universo secundário da textualidade.

O manual do professor propõe, no fim das contas, diferentes instruções a escolher em função da desigual facilidade dos alunos nesse universo; misturam, por conseguinte, "sobreajustamento" e "subajustamento" (termos que serão explicados subseqüentemente). Assim, *Assinale os números dos textos que comportam seqüências narrativas, descritivas e argumentativas* é um enunciado de sobreajustamento às dificuldades, visto que os alunos não "precisam" ler e compreender os textos, somente localizar as marcas; e *Analise as marcas que os caracterizam* é um enunciado de subajustamento, pois situa a tarefa em uma grande exigência implícita de familiarização com esse universo no qual os textos existem somente em sua dimensão de pertencimento a um gênero ou a um tipo de texto. Outra proposta de enunciado vai mais longe, e situa a tarefa em um universo de familiaridade com a reflexividade sobre os mesmos princípios da atividade a conduzir e a possibilidade de verbalizar essa reflexividade que vem se adicionar ao trabalho secundário sobre os textos: *Faça o levantamento de todas as maneiras de reagrupar estes escritos, explicitando sempre seu princípio de classificação.*

No sentido de uma dificuldade efetivamente mais elevada para os alunos nos últimos anos, observaremos nos Textos de Acompanhamento, em

1997, que esse trabalho no programa curricular do primário não é muito diferente do que está presente no programa destinado ao Colégio (5ème):

> O desenvolvimento da observação para a análise dos textos: os alunos são convidados a reconhecer as principais formas de discurso nos textos – quer sejam homogêneos ou não, a identificar as dominantes e a reconhecer a partir dessas formas de discurso, as principais formas de segmentação dos textos. (Acompanhamentos de Programas Curriculares de 5ème e 4ème, 1997, p. 13)

Essa nota questiona um aspecto ligado à problemática levantada aqui: a dificuldade de muitos procedimentos didáticos para pensar uma progressão ano a ano, para que tanto a elaboração do trabalho em um universo secundário seja vivenciada como se torne cada vez maior.

Secundarização e ajustamentos: figuras da diferenciação

As práticas que rapidamente acabamos de descrever, e que são inerentes, ou pelo menos em coerência, à instituição escola, clarificam os processos potencialmente diferenciadores que prejudicam os alunos dos meio populares, pouco familiarizados com as práticas de linguagem e cognitivas de reconfiguração e de secundarização, e para as quais nossas observações da sala de aula apontam poucas construções coletivas. Por conseguinte, esses diferentes exemplos permitem também supor variações entre as ambições anunciadas e suas possíveis realizações tanto nos professores quanto nos alunos. Finalizaremos essa contribuição com uma incursão, igualmente rápida, nos modos de fazer que permitem, exatamente, mascarar as diferenças qualitativas na aquisição da pluralidade de registros de trabalho dos alunos; a máscara nos olhos dos próprios alunos, como já nos referimos ao falar de "ilusão", pode ser também máscara nos olhos dos professores.

Essas práticas, no que concernem em especial aos alunos dos meios populares, considerando as representações[18] dos professores, podem reforçar suas dificuldades de construção-mobilização dos registros do trabalho esperado. Falamos aqui das práticas de ajustamento, mais precisamente de sobreajustamento (cf. GOIGOUX, 2000) que, visando considerar as dificuldades dos alunos, evitam suas dificuldades potenciais, mas não facilitam, obstruindo mesmo, as novas familiarizações sociocognitivas necessárias. Fizemos alusão à referência "motivante" para objetos comuns ou para situações

[18] Muitas dessas representações tendem a ser construídas a partir do desconhecimento (ou será um desentendimento?) das escolas, e dos professores igualmente, em relação ao público com o qual lidam (cf. LOMONACO, neste livro).

hiper-contextualizadas (ou mesmo lúdicas), pois as consideramos, quando praticadas com os alunos dos meios populares e em dificuldades, como práticas de ajustamento.

Um enunciado de produção textual que busca a aprendizagem da argumentação e do texto argumentativo no final do Colégio (*3ème*) fornece aqui um exemplo de práticas potencialmente diferenciadoras entre a construção social dos enunciados e dos efeitos discursivos e cognitivos que eles provocam. Assim, ao ser trabalhada a mesma parte do programa – a argumentação escrita – e a respeito do mesmo tema, *Raouf*, aluno de um colégio de área pobre de Paris, produz seu texto a partir de um enunciado considerado como "adaptado" à população desse colégio:

> O anúncio seguinte foi recortado de um jornal:
>
> *FÓSFORO* precisa de *ti*!
>
> À favor ou contra as colas?
>
> Para seu grande inquérito sobre as "colas", *FÓSFORO* procura redatores capazes de escrever um artigo que será publicado no próximo mês. Trata-se de desenvolver uma argumentação na qual deves exprimir teu ponto de vista sobre essa pergunta.
>
> Então, *MÃOS À OBRA*... para redigir o artigo pedido pelo anúncio!

Enquanto isso, *Pauline*, aluna do segundo ciclo do ensino secundário (*lycée*) em um bairro socialmente favorecido de Paris, escreve seu texto com base no seguinte enunciado:

> *O vosso* jornal preferido está organizando um grande debate com os leitores sobre a seguinte questão: "É necessário manter as punições no colégio?" Enviai uma carta ao jornal para defender a vossa posição!

Conseqüentemente, ela produz uma "dissertação" que percorre o tempo e as idades do homem numa problemática da vida social, da vida escolar e da educação do cidadão. Faz um encerramento para o texto, "jogando" com o gênero secundário solicitado (a carta): *"Obrigada, meu queridíssimo Jornal por ter desejado conhecer o meu ponto de vista! Espero impaciente pelo seu próximo número!"*.

Raouf escreve um texto que corresponde muito bem à forma do enunciado, ou seja, à injunção da sua implicação como pessoa em cujo enunciado o pronome utilizado é "*tu*" (enquanto que para *Pauline*, o pronome utilizado é "*vós*"), à injunção de instantaneidade (*mãos à obra!*) da reação, e não à elaboração de um texto, ou seja, à aparente solicitação de um gênero primário. Ele tenta, no entanto, produzir um texto em nome de um tema "geral"; essa tentativa o conduz, de fato, a produzir várias "incorreções" de formulação.

O texto é curto e, por isso, vamos citá-lo integralmente[19]:

> Sou contra as hora de cola porque esse aluno num faz nada, num estuda e só se aproveita do aluno que estudou. Quando tem os exercício pra fazer ele até faz, mas era preciso o diretor fazer uma hora de reforço também pra ajudar esse aluno que cola, porque ele num sabe de nada. Se tivesse o reforço, ele podia até entender as coisa que o professor num explica direito, porque o professor só passa o que tá no livro. Tem vez que a gente num consegue acompanhar a matéria porque ele vai muito ligeiro, que é pra dá tempo de acabar logo o conteúdo; aí o aluno num gosta muito porque isso vai acabar prejudicando ele, quer dizer ele vai acabar tirando nota ruim na prova.

Aquilo que chamamos de "construção mais 'social' do que cognitiva do enunciado" não ajuda *Raouf* a conhecer nem a alcançar o que se espera de um aluno nessa etapa do Colégio (*3ème*) e que é uma necessidade no Liceu, a escrita "secundarizada" e letrada.

Esse desnível da tarefa (de um gênero secundário a um gênero primário, ou ao menos ambíguo) é possível devido ao enunciado, o qual provém das representações que os professores dispõem em termos do que ajuda (no sentido de motivação) os alunos a escrever. Ele não se contrapõe à reconfiguração da experiência cotidiana, mas permite um impedimento nas aquisições ligadas ao comando do sistema lingüístico. Procedendo assim, a escola não permite a construção de uma cultura comum dentro da pluralidade dos significados que constroem as práticas secundárias, tais como as que definimos neste texto.

Evocaremos ainda, em uma perspectiva ilustrativa desse fenômeno de duplo ajustamento, uma forma de trabalho que, longe de privilegiar a aquisição de formas lingüísticas e, mais abrangentemente, de formas semióticas comuns e significantes a esse respeito, situa o aluno, de acordo com a interpretação que ele faz do sistema de trabalho, quer na confrontação com os objetos vagos e ricos, mas potencialmente muito exigentes quanto ao registro sociocognitivo a identificar, quer na confrontação com as formas que autorizam o impedimento das dificuldades. Assim, o impedimento da escrita discursiva (práticas de sobreajustamento em relação a alunos com dificuldades nas tarefas de escrita) é particularmente sensível nas formas atuais de exercícios e de tarefas escolares, nas quais a efetiva produção da linguagem e lingüística é reduzida a sublinhamentos, alternativas corretas em Questionários de Múltipla Escolha (QCM), distinção da resposta certa, respostas curtas às perguntas.

---

[19] N. de R. T. Este texto sofreu algumas adaptações durante a sua tradução para o português a fim de que pudéssemos aproximá-lo, o máximo possível, da variedade lingüística na qual ele foi produzido em francês.

No decorrer de sua utilização pelos alunos, esses modos de semiotização ficam subjacentes ante raciocínios complexos e "secundarizados", mas os subajustamentos freqüentes (vagos nos enunciados de trabalho e na construção do plano desse trabalho), inseridos nos modos de avaliação, permitem aos alunos efetuar as tarefas e construir boas respostas, independentemente dos raciocínios e saberes supostamente mobilizados; eles não podem, por conseguinte, garantir que os alunos dominem o que era esperado. Reencontramos tal fenômeno nas avaliações nacionais e internacionais (PISA) e ele pode explicar os infortúnios dos alunos, mas também dos professores, que supõem estar perguntando aos alunos o que eles saberiam responder (brincamos aqui com a ambigüidade da construção do verbo aprender). Esse paradoxo dos tipos de ajustamento, que é somente como se a escola visasse efetivamente às mesmas aprendizagens e aos modos de fazer pressuposto para todos, em que o aluno se situa certamente em um universo "secundário" e letrado, torna possível, entretanto, satisfazer a um enunciado a partir do único reconhecimento dos índices formais, sem que as significações cognitivas, ou não, sejam levadas em conta.

Considerações finais

Esses exemplos arquétipos das formas de trabalho e das práticas escolares comuns hoje em dia põem a questão dos discursos e situações de ensino, ou pelo menos de acompanhamento, permitindo aos alunos, de meios populares em especial, satisfazer ao mesmo tempo às expectativas cognitivas, lingüísticas e da utilização da linguagem, de deslocamentos e reconfigurações, mas também às exigências das apropriações de uma cultura comum. Eles manifestam ainda dificuldades em identificar atualmente o que produz saberes, aprendizagens e cultura na escola; essas últimas parecem participar simultânea e diferentemente das competências dos sistemas semióticos, dos saberes patrimoniais e das formas sociocognitivas. Registros diferentes sobre os quais é necessário pensar, sejam as aprendizagens, sejam as situações de familiarização com o trabalho de secundarização e reconfiguração, para que permitam a apropriação dos saberes patrimoniais e dos modos sociocognitivos que favoreceram sua elaboração, e que levam a compreender os questionamentos humanos aos quais eles correspondem, ou mesmo participam[20].

Tais exemplos questionam também os índices recuperáveis pelo professor, nas produções dos alunos, para identificar os modos e registros do

[20] Podemos assim levantar a hipótese, com certeza otimista, que um determinado procedimento evitaria reduzir os saberes escolares a sua única dimensão de imposição de uma cultura legítima e arbitrária.

trabalho posto em prática. Esses últimos, os quais evocamos no início desta contribuição, são de natureza heterogênea, e se sua coerência é um indicador de uma aculturação bem-sucedida (ou ao contrário, nem mesmo aproximada), podemos, na maioria das vezes, observar os "trechos" dos discursos, ou de seus componentes, que manifestam a fluidez na qual os alunos estão em relação às mobilizações a serem feitas, às mobilizações praticáveis. Porém, dissemos em outro momento (Bautier; Branca-Rosoff, 2002), e também acima, até mesmo paradoxalmente, que essa competência poderia precisamente ser prioritária para introduzir o aluno no universo do letramento e da "secundarização", nas dimensões sutis da língua, nos "detalhes" morfológicos, no léxico e nas regras que não são hoje objeto de um ensino sistemático, proveitoso – tal como acabamos de dar exemplos, dimensões de uma "simples" percepção pontual de formas ou dimensões textuais e instrumentais da escrita (Manesse, 2003).

Os diferentes registros que, por razões heurísticas, acabamos de distinguir a fim de descrever a complexidade do trabalho de deslocamentos nos quais o aluno é confrontado, são, de fato, para ele pouco separáveis. É, igualmente, heurístico considerá-los como componentes coerentes das suas práticas sociais e cognitivas e encontrar possibilidades de cumulação de dificuldades (ou de facilidades). As investigações sobre as formas de trabalho e as práticas da sala de aula, as observações das situações da sala de aula, em áreas populares de Paris, conduzem-nos a uma dupla hipótese relativa à participação da escola nas dificuldades dos alunos: as práticas sociais e sociocognitivas do jovem ou da criança, ao mesmo tempo em que devem (podem) se revelar a partir de uma necessidade de deslocamentos ou mesmo de transformações de modo que ele possa trabalhar como aluno, são pouco pensadas e elucidadas, as situações de trabalho são, em conseqüência, igualmente pouco pensadas tal como as situações que permitem aos alunos construírem esses deslocamentos desejados, e apropriarem-se das práticas de reconfiguração, bem como do sentido do universo "secundário" dos saberes e da linguagem.

Referências

BAKHTIN, M. *Esthétique de la création verbale*. Tradution française. Paris: Gallimard, 1984,

BAPTISTE, L. Apprendre à écrire dans les programmes 2002 de l'école primaire: le retour de l'imitation. *Le français aujourd'hui*. Paris, 2004.

BAUTIER, É. & ROCHEX, J.-Y. *L'expérience scolaire des nouveaux lycéens: Démocratisation ou massification*. Paris: A. Colin, 1998.

BAUTIER, É. & ROCHEX, J.-Y. *Activité conjointe ne signifie pas signification partagée. Raisons éducatives.* n. 8, Paris, 2004.

BAUTIER, É. & BRANCA-ROSOFF, S. Pratiques linguistiques des élèves en échec scolaire et enseignement. *Ville-École-Intégration,* n. 130, Paris: p. 196-213, sept. 2002.

BERNSTEIN, B. *Langage et classes sociales.* Paris: Minuit, 1975a.

BERNSTEIN, B. *Classes et pédagogies: visibles et invisibles.* Paris: CERI-OCDE, 1975b.

BERNSTEIN, B. La construction du discours pédagogique et les modalités de sa pratique. *Critiques sociales.* 3-4, Paris, p. 20-58, 1992.

BONNÉRY, S. *Des supposées évidences scolaires aux présupposés des élèves: La co-construction des difficultés scolaires des élèves de milieux populaires.* Thèse soutenue à l'université de Paris 8. Paris: Équipe ESCOL, dec. 2003.

BUTLEN, D., PELTIER-BARBIER, M.-L. & PÉZARD M. Nommés en REP, comment fontils? Pratiques de professeurs d'école enseignant les mathématiques en REP: contradictions et cohérence. *Revue française de pédagogie.* Paris, p. 41-52, 140, 2002.

GARCIA-DEBANC, C ; PLANES, L. & ROGER, C. *Objectif écrire.* 3 ed. CRDP Languedoc Roussillon. Montpellier, 2003.

GOIGOUX, R. Les élèves en grande difficulté de lecture et les enseignements adaptés. *Suresnes, rapport pour la Direction des enseignements scolaires.* Éditions du CNEFEI, 2000.

MANESSE, D. (dr). *Le français en classes difficiles: Le collège entre langue et discours.* INRP, Paris, 2003.

PEIFFERT-SEBILLOTTE, É. *Acculturation scripturale au primaire.* Thèse soutenue à l'université de Metz, en décembre 2003.

SCHNEUWLY, B. Genres et types de discours: considérations ontogénétiques et psychogénétiques. Les interactions lecture-écriture, *Actes du colloque Theodile-Crel,* Y. REUTER, dr., Bern, Peter Lang, p. 155-175, 1994.

A escola rural: entre a internet e os sacis*

Beatriz Penteado Lomonaco

Considerações iniciais

Para nós que vivemos nos grandes centros urbanos, a vida no campo é associada a idéias românticas, alimentadas por eventuais passeios ao interior. O fogão a lenha crepitando, o frescor de uma horta caseira, a vida correndo tranqüilamente nos dão uma imagem parcial e talvez idealizada do viver na roça. Pouco sabemos das dificuldades, das crenças e dos desejos da população rural. Quem é essa gente? O que se sabe dela?

Algumas estatísticas apontam que 17% da população brasileira reside no campo. No entanto, José Eli da Veiga, um grande estudioso do desenvolvimento sustentável e dos processos de urbanização no Brasil, contesta esses números, afirmando que o critério que define áreas rurais e urbanas é um equívoco da época de Getúlio Vargas. Segundo um decreto de 1938, toda sede de município é considerada cidade, portanto, os 1.176 municípios com menos de 2 mil habitantes ou os 3.887 com menos de 10 mil existentes no ano 2000 possuíam "estatuto legal de cidade idêntico ao que é atribuído aos inconfundíveis núcleos que formam as regiões metropolitanas, ou que constituem evidentes centros urbanos regionais" (Veiga, 2003, p. 32).

Seguindo critérios mais realistas que não cabe aqui detalhar[1], Veiga acredita que o Brasil essencialmente rural consiste em 30% da população

* Este capítulo resume uma pesquisa, ainda inédita, realizada entre 2001 e 2003 sob a supervisão do Prof. Dr. Leandro Lajonquière (da FEU-USP e do LEPSI – Laboratório de Estudos Psicanalíticos da USP) que teve o imprescindível apoio financeiro da FAPESP, no quadro de uma bolsa de pós-doutorado.

[1] Aqui, fatores como tamanho da cidade, densidade populacional e localização são, simultaneamente, levados em conta. Para mais informações, o leitor deve consultar o excelente livro desse autor.

que vive em 80% dos municípios. Isso significa cerca de 50 milhões de pessoas habitando o universo rural, um número nada desprezível. Ainda na contramão do senso comum, considera-se hoje que o êxodo rural é bastante inferior ao existente no passado e há regiões rurais em pleno processo de crescimento populacional (Abramovay, 2003).

Naturalmente, em um país grande como o nosso, esses 30% não são homogêneos. A população ribeirinha da Amazônia é completamente estrangeira a um morador do cerrado brasileiro, assim como a vida do paulista ou do gaúcho do interior tem poucas semelhanças com a do nordestino que habita o semi-árido. Essa primeira distinção do Brasil rural é fundamental para compreendermos algumas análises que serão aqui desenvolvidas, originárias de uma pesquisa de pós-doutorado realizada com alunos, professores e pais em um município de dez mil habitantes localizado na Serra da Mantiqueira, no Estado de São Paulo.

Primeiramente, cabe definir que a *população rural* não é somente constituída pelos grupos diretamente ligados à produção agropecuária (sejam proprietários, sejam assalariados), mas também por aqueles que pertencem a esse universo cultural. As considerações de José Eli da Veiga vêm ao encontro da realidade observada em São Bento do Sapucaí, onde foi realizada a pesquisa: municípios de pequeno porte como esse são totalmente rurais, incluindo sua zona urbana, tanto devido às suas características socioeconômicas quanto pela cultura que os sedimenta. Em geral, são comunidades que possuem vínculos bastante orgânicos entre família e escola; há poucos recursos profissionais, técnicos, culturais e econômicos disponíveis; há códigos específicos de convivência comunitária; os ritos e tradições estão ainda presentes no cotidiano, e o modo de vida, assim como os padrões de comportamento, têm suas especificidades.

Se há desencontro e escassez de dados sobre o mundo do campo, o que dizer das escolas rurais. Os que trabalham na área educacional se defrontam com a insuficiência de literatura sobre o tema – o que é surpreendente, já que um terço da população brasileira vive nessas áreas. Além de não existirem dados consistentes sobre a população escolar rural, são raras as políticas públicas específicas, estaduais ou municipais, para atender esse público. Isso não significa que o modelo educacional para a escola rural precise, imperativamente, ser diferenciado, mas que as populações rurais precisam ser atendidas em suas demandas específicas quando necessário.

Para desvendar esse universo, o presente trabalho se propôs a conhecer as relações que crianças e jovens estabelecem entre a escola e a vida, a compreender o sentido da escola nessas comunidades; a investigar quais saberes e aprendizagens são valorizados e como são transmitidos. Essas e outras questões paralelas estão no centro das pesquisas sobre o conceito de *relação com o saber* que têm norteado alguns pesquisadores em diversos países. Nas Ciências da Educação essa noção se enriqueceu com pesquisas de temas e abordagens bastante diversificadas (psicologia, psicanálise[2], etnologia e sociologia) que tentaram dar inteligibilidade às diversas relações do(s) sujeito(s) com o saber, sua produção, sua apropriação e sua transformação. No campo da educação, as equipes das universidades francesas de Paris 8 e Paris X vêm, especialmente, debruçando-se sobre o tema há alguns anos.

As idéias veiculadas por Bernard Charlot (1999, 2000, 2001) têm encontrado bastante ressonância no meio educacional brasileiro[3]. As pesquisas que investigam a *relação com o saber* visam, essencialmente, a compreender as diversas relações dos indivíduos com o aprender e, de modo mais específico, com os processos pelos quais o sujeito aprende e dá sentido ao(s) saber(es): "*Relação com o saber* é uma relação de sentido, portanto de valor, entre um indivíduo (ou um grupo) e os processos ou produtos do saber" (Charlot, Bautier & Rochex, 1992, p. 29). Grande parte dos trabalhos desenvolvidos tem discutido o sentido (ou a falta dele) da escola e, sobretudo, dos conhecimentos escolares para crianças[4] e jovens. Os resultados trazem grandes contribuições para a reflexão sobre o fracasso e o sucesso escolar dos alunos das escolas públicas, a maioria oriunda das camadas populares. Segundo Charlot (2001, p. 19-22), questionar o sucesso ou o fracasso escolar do ponto de vista da *relação com o saber* implica também:

1- a questão da mobilização do sujeito: por que (móbil/desejo) e para que (objetivo) o indivíduo se mobiliza para a aprendizagem, isto é, como se opera a conexão entre sujeito-saber;

2- compreender o sujeito simultaneamente como sujeito desejante e sujeito social;

3- colocar uma dialética entre exterioridade e interioridade (o sujeito se apropria de um saber que lhe é exterior), entre sentido e eficácia (o sujeito se apropria de um saber que lhe faz sentido,

[2] Especialmente na psicanálise, podemos referenciar os trabalhos de Beillerot; Blanchard-Laville & Bouillet (1989) e Beillerot; Blanchard-Laville & Mosconi (1996).

[3] A bibliografia referente ao tema é basicamente francesa, mas os livros de Bernard Charlot estão sendo traduzidos no Brasil.

[4] Neste livro, cf., por exemplo, os capítulos de Espíndola e Delacours-Lins.

mas que, ao mesmo tempo, exige determinadas atividades para que seja apropriado);

4- compreender que existem diferentes figuras do aprender, às vezes contraditórias ou concorrentes, ou seja, para cada tipo de saber existem formas diferentes de apropriação;

5- uma metodologia específica que visa a identificar processos e construir constelações (configurações, tipos ideais) e não categorizar indivíduos.

Tais questões estiveram na base dessa investigação. Além disso, como os alunos que habitam na zona rural convivem com saberes e práticas bastante distintos, eles eram um público privilegiado para se investigar as relações existentes entre aprender "na vida" e "na escola", entre o saber e o aprender, temáticas também imbricadas na noção de *relação com o saber*. Assim, a seguir procuraremos analisar os principais dados que emergiram desse trabalho, com o objetivo de melhor conhecer as peculiaridades da zona rural a partir da ampliação dos campos aos quais o conceito de *relação com o saber* tem sido aplicado.

A pesquisa: método e procedimentos

Esse trabalho de pós-doutorado teve como principal foco os alunos[5] (em especial, os residentes da zona rural) das classes de transição do Ensino Fundamental - a 4ª, a 5ª e a 8ª séries. Como em outros municípios paulistas, a escola rural de São Bento é municipal, multisseriada e atende alunos de 1ª a 4ª série. Como a maioria dessas crianças pouco freqüenta a zona urbana, a 5ª série é um momento de iniciação em outro universo: a ida cotidiana para a cidade, a entrada em uma escola grande, com uma dinâmica e uma organização bastante diferentes da encontrada na pequena escola rural. Ainda que a maioria dos alunos de ensino fundamental continue seus estudos no ensino médio, a 8ª série também é marcante, significa o final de um ciclo na vida desses jovens. Analisar mais detidamente o que ocorre nas séries de transição permitiria avaliar como essas etapas eram sentidas pelos alunos, se a relação com a escola e com os saberes se alterava e quais as possíveis relações entre suas diversas aprendizagens (escolares e não-escolares) a cada momento de seu percurso escolar.

[5] Em nossa pesquisa de doutorado (LOMONACO, 1998), o foco do trabalho foi direcionado aos professores do Ensino Fundamental na cidade de São Paulo.

Para apreender a relação desses alunos com o saber, com a escola, com o aprender, para compreender seu modo de vida e suas aspirações, era preciso utilizar instrumentos abertos o suficiente para captarmos os processos subjetivos que envolvem essas questões. Desta forma, foram utilizados diversos instrumentos de coleta de dados, apoiados nos resultados das pesquisas sobre a *relação com o saber*. À medida que as questões focalizadas se tornavam mais específicas, o número de sujeitos era reduzido a cada etapa, mas todos haviam realizado o "balanço dos saberes". O total de alunos participantes a cada etapa foi o seguinte:

INSTRUMENTOS	4ª	5ª	8ª	Total
Balanços de saber	78	83	58	219
Oficinas	25	20	18	63
Entrevistas individuais	5	5	5	15
Conversa coletiva	-	-	8	8

Número de sujeitos a cada etapa de coleta de dados

A primeira etapa da coleta de dados baseou-se no "balanço de saber" proposto pela equipe ESCOL (Charlot, Bautier & Rochex, 1992. p. 36) e utilizado posteriormente em diversos estudos. Nessa pesquisa, a produção de texto proposta tinha como enunciado: *Desde que nasci, tenho aprendido muitas coisas: em casa, no meu bairro, na escola, em muitos lugares. Quais foram as coisas mais importantes que aprendi? Onde aprendi? Quem me ensinou?* Uma conversa inicial com os alunos serviu de aquecimento para a escrita, na qual a finalidade da pesquisa era explicitada.

Após a análise dessas redações, optei por realizar oficinas que priorizassem diferentes linguagens (atividades gráficas, dramatizações e discussões), como foi realizado em estudo semelhante na capital paulista (CENPEC, 1999). Algumas das pesquisas brasileiras sobre a *relação com o saber* (Charlot, 2001) apontam para os limites da utilização de instrumentos exclusivamente baseados na linguagem escrita, tanto porque nossa cultura se apóia, em grande parte, na linguagem oral e corporal, tanto por causa das dificuldades de alguns alunos com a produção escrita.

Assim, nas oficinas realizadas, foram reunidas cerca de 20 crianças de mesma série (quando possível, de classes distintas), residentes nos bairros rurais e na zona urbana. Nelas, os alunos trabalharam com as seguintes atividades:

ATIVIDADES	PROCEDIMENTOS	PROPOSTAS
Atividade 1: Os saberes da escola e de outros lugares.	Desenho e posterior discussão em grupo.	Desenhar algo que se aprende na escola e algo que se aprende em outro lugar. Discussão: verificar a existência de particularidades das aprendizagens escolares e não-escolares; possíveis articulações entre elas; importância de cada uma dessas aprendizagens.
Atividade 2: Perspectivas de futuro; Ficha de identidade;	Desenho e Escrita: preenchimento de "Ficha do presente";Dramatização: viagem ao futuro; Preenchimento de "Ficha do Futuro".	Ficha do presente: auto-retrato e dados sobre a sua vida atual, o que gostam, não gostam, como se vêem, o que fazem, etc. Ficha do Futuro: auto-retrato e dados sobre como se imaginam daqui a 10 anos (onde estarão, o que estarão fazendo, o que imaginam gostar, etc.)

Em uma terceira etapa, foram realizadas entrevistas semidirigidas com alunos das três séries para aprofundar determinados temas, como: a relação com a escola, com a classe, com os professores, ensinar e aprender, expectativas de futuro. A última etapa do trabalho consistiu em uma conversa com um grupo de alunos de 8ª série, todos residentes na zona rural, para discutir um assunto que não havia sido suficientemente explorado: a vida na roça e na cidade. Foram ainda realizadas entrevistas com três pais de alunos de zona rural e com três professores (um de escola rural e duas de 5ª a 8ª), a fim de melhor conhecer sua visão dos alunos e suas famílias, da escola, de sua carreira e da educação de modo geral.

A seguir, discutiremos os dados mais significativos da pesquisa, especialmente aqueles que permitem melhor compreender a relação dos alunos com o saber e as relações entre as aprendizagens escolares e não-escolares.

A escola e os saberes escolares

Em consonância com outros estudos, nos balanços de saber realizados pelas crianças os conhecimentos escolares não foram os mais evocados em nenhuma das séries: representam a segunda categoria de conteúdos mais lembrada na 4ª e na 8ª (respectivamente, 24,4% e 21,5% do total de ocorrências) e em quarto lugar na 5ª (15,6%). Considerando que a escola é uma ou a principal atividade das crianças e jovens em nossa cultura (e em outras sociedades onde a escolaridade é obrigatória), talvez pudéssemos esperar que ela pudesse aparecer com maior nitidez quando os alunos fizessem um balanço do que de mais importante aprenderam na vida. No entanto, ainda que a escola e seus saberes não constituam as aprendizagens mais evocadas entre as crianças e os jovens aqui estudados, ela aparece como uma necessidade e um valor fundamental. Cabe então avançar nossa compreensão do universo estudado, buscando a existência ou não de especificidades, entendendo de que forma a escola se constitui um valor, quais são as funções e os sentidos que lhe são atribuídos.

Dado o amplo uso do termo *sentido* tanto na prática quanto nas pesquisas educacionais, é necessário precisar de que maneira ele é aqui utilizado. Normalmente, fala-se de sentido ou de falta dele quando se diz que os conteúdos escolares estão distantes da realidade dos alunos (e assim, a escola, os conteúdos e os métodos deveriam se aproximar de tal realidade). Fala-se também de uma falta de sentido das aprendizagens escolares quando se pensa no mercado de trabalho, supondo-se que a escola não prepara para determinadas competências/habilidades exigidas hoje em dia. Diz-se ainda da importância de atividades significativas na sala de aula, como aquelas nas quais os alunos possam se mobilizar para a aprendizagem através de temas ou de formas de transmissão que seriam mais apropriadas para "despertar seu interesse". Em nosso caso, o termo *sentido* é tomado na mesma direção que a equipe ESCOL de Paris VIII tem dado aos seus trabalhos. A construção de sentido envolve uma relação de valor com aquilo que se aprende e também de mobilização do sujeito pela aprendizagem.

> A questão é sempre compreender como se opera a conexão entre um sujeito e um saber ou, mais genericamente, como se desencadeia um processo de aprendizagem, uma entrada no aprender. Se o sujeito já está em atividade, a questão é compreender o que sustenta sua mobilização. De uma certa forma, pode-se dizer que toda problemática da relação com *o saber*, assim como todo estudo empírico inserido no quadro desta problemática, tem como objetivo elucidar as condições e as formas dessa mobilização. (Charlot, 2001, p.19)

Como se vê, o tema da mobilização é aqui essencial: por que motivo e com que finalidade o sujeito aprende? No caso da escola, trata-se da articulação dos modos com que ela opera, da mobilização (psíquica) dos alunos pelas atividades e conteúdos trabalhado0s pela escola (e não necessariamente dos "conteúdos de aprendizagem significativos" para os alunos). O sentido é construído nas práticas escolares cotidianas, na história do sujeito, portanto, na cultura da qual ele faz parte. Assim, como afirmam Bautier

& Rochex (1998, p. 44), o sentido (da escola, dos saberes) deve ser pensado em termos de um trabalho de interpretação e de construção, uma vez que ele não é algo dado, apreensível e legível nem para o pesquisador nem para os próprios alunos.

Os pesquisadores da equipe de Paris VIII identificam dois registros (não exclusivos) da *relação com o saber* que podem estar presentes em cada aluno, sob diferentes formas: um registro identitário e um epistêmico:

> A relação identitária corresponde à maneira pela qual o saber ganha sentido quanto a modelos, expectativas, referências identificatórias, à vida que se quer levar, à profissão que se quer ter. A relação de sentido entre o indivíduo e o saber se enraíza na história futura do sujeito e, em grande parte, à sua revelia. A relação epistêmica se define em referência à natureza da atividade que o sujeito define sob os termos aprender e saber: aprender é fazer o quê? Que tipo de atividade está aqui implicada? A relação epistêmica é esta relação do indivíduo com a própria natureza do ato de aprender e ao fato de saber. (BAUTIER & ROCHEX, 1998, p. 34)

Isso significa que todos os alunos constroem sentidos para a escola (conteúdos e situações escolares), mas este sentido pode favorecer ou, ao contrário, dificultar a apropriação de saberes.

Em seus estudos, esses pesquisadores observaram três níveis de apropriação dos saberes escolares que parecem fazer sentido para os alunos franceses (do Ensino Fundamental ao Médio): um nível mais pontual, relativo às tarefas cotidianas feitas em classe ou em casa; o nível dos saberes organizados em disciplinas, que possuem uma epistemologia, conteúdos e formas escolares específicas; e um terceiro, do saber "em geral" e do aprender. Descobriram também que os alunos com dificuldades em sua aprendizagem estão mais ligados às tarefas ou atividades escolares específicas, e mais distantes da dimensão disciplinar e cognitiva do trabalho escolar, além de demonstrarem, com maior freqüência, uma relação utilitária com o saber e a escola[6]. Desta forma, "como a especificidade da escola não é identificada nem legitimada *a fortiori* em sua dimensão de saberes descontextualizados, os alunos que estabelecem uma relação utilitarista

---

[6] Bautier & Rochex (1998) assinalam que alunos considerados com dificuldades de aprendizagem por seus professores podem ter sucesso em atividades escolares sem, no entanto, conseguir mobilizar conhecimentos ou capacidades em outras situações semelhantes, ou ainda sem poder dizer a que visam as atividades que realizam nem a construir conhecimentos disciplinares perenes. Creio que poderíamos reiterar essa constatação em nosso país.

com o saber exigem que os saberes escolares sejam úteis na vida cotidiana" (Bautier & Rochex, 1998, p. 38).

Em nosso caso, uma vez que não nos ocupamos da avaliação do rendimento escolar dos alunos, essa relação entre fracasso/dificuldade escolar e *relação com o saber* ou com a escola não foi analisada, mas alguns resultados são convergentes com essas pesquisas. Quando a escola aparece nas redações analisadas (como também nos outros instrumentos), seguramente ela é um valor porque: a) nela se aprende a ler e a escrever; b) representa a possibilidade de "ser alguém na vida", a chance de ter "um futuro melhor"; c) porque possibilita um emprego ou uma profissão.

Essas três principais vertentes podem aparecer nas redações de forma simultânea e articulada ou não. Na verdade, a relação das crianças com a escola pode ser lida de um ponto de vista temporal, representando um valor relacionado muito mais ao *futuro* (o que ela pode me oferecer) do que ao *presente* (o que ela me oferece). Nesse caso, parece não haver uma relação direta com a escola, mas com *o futuro ou com a profissão*; a escola está lá apenas como uma etapa intermediária de outro momento do porvir. Essa relação pode ainda ser compreendida de um ponto de vista *imediato* (eu estou na escola e isso me transforma *de per si*) ou, mais raramente, de um ponto de vista *mediato* (a escola media conhecimentos ou instrumentos que me permitem ser diferente do que sou). Podemos ainda observar diferentes tipos de relação dos alunos com a escola (ora mais instrumental, ora mágica, algumas vezes mais emocional, implicando gratidão, possibilidade de encontro com o outro). Em consonância com os autores franceses, suponho que cada modo de interpretar, de significar a escola não mobiliza as mesmas atividades intelectuais e não produz os mesmos resultados em termos de aprendizagem. Desta forma, é interessante tentar analisar as três vertentes acima descritas com mais atenção a fim de observar as variações das relações dos alunos com a escola e com seus saberes.

Ler e escrever, ser alguém na vida, ter um trabalho

Observando mais de perto alguns dados dos balanços de saber, podemos verificar que *aprender a ler e a escrever* constitui uma das principais funções do aprendizado escolar para os jovens estudados. Vejamos: ler, escrever e contar são aprendizagens mencionadas em 84% das redações de 4ª série, 65% das de 5ª e 93% das de 8ª. Assim, direta ou indiretamente, todos dizem que sem ler, escrever ou calcular (ainda que em menor escala, a matemática é lembrada), as possibilidades de inserção social são restritas. Nas redações, essas habilidades aparecem ligadas às próprias atividades escolares, ao futuro ou sem uma justificativa explícita, como podemos ver nos exemplos abaixo:

> As coisas que eu aprendi que foi bom: como a ler porquê às vezes você vai fazer um teste você pega um texto e vai ler e resumir é bem mais fácil. (Emanoel, 5ª série, urbana)
>
> [...] Na escola eu também aprendi a escrever, fazer redações como esta e também a somar as contas de matemática. A escrita também é muito importante, por que se você aprende a escrever corretamente você aprende como pronunciar as palavras corretamente. (Michele, 8ª série, rural)

Ainda que as crianças possam ter uso restrito da leitura e da escrita (especialmente as que vivem na roça) ou não ter uma consciência clara dos diversos momentos em que lêem e escrevem (e das variadas funções de ler e escrever), elas sabem perfeitamente que essas habilidades, além de serem necessárias para realizar uma série de atividades cotidianas, são constitutivas do sujeito. É bastante evidente que aprender a ler e a escrever permite fazer parte da cultura, adentrar no mundo letrado, ter uma identidade social. O texto de Diego (8ª, rural, 185) é exemplar nesse aspecto. Depois de ter falado sobre aprender a falar, a andar, a viver e a dar valor a tudo que existe no mundo (amor, respeito, Deus), no último parágrafo ele escreve:

> [...] Logo depois [aprendi] a andar de bicicleta, e no mesmo istante fui para a escola lá aprendi muitas coisas as pricipais ler e escrever e estou aprendendo ainda mais e que[ro] continuar aprendendo para ser algo na vida e assim ser aulguem uma pessoa civilisada. FIM

Para entender a importância massiva da leitura e da escrita para esses jovens, é preciso ir um pouco além da perspectiva de futuro que se inscreve em suas redações. Em um texto sobre a aprendizagem de crianças psicóticas, Kupfer (2000) dá especial atenção aos efeitos subjetivantes da linguagem escrita, vejamos:

> Partiremos primeiramente do fato de que a escrita não pode de maneira alguma ser reduzida a uma simples representação da linguagem falada. *Quando se escreve, uma espécie de vida independente toma a frente*[7]. Se Lacan nos diz que a linguagem, de uma maneira geral, é um sistema que se reproduz no interior de si mesmo com uma extraordinária e terrível fecundidade, isto vale

[7] Grifos nossos.

> seja para a linguagem falada, seja para a linguagem escrita. Quando se escreve, produz-se um "a mais", que é o fruto dos encontros sintáticos, das vírgulas, da posição das frases, de seu encadeamento. É por isso que se pode afirmar que a aprendizagem da escrita produz efeitos subjetivantes que não são necessariamente os mesmos da linguagem falada, é por isso que pode haver aí um sujeito da escrita antes de se instalar um sujeito da palavra. (p. 110)

Quando esses alunos afirmam que querem ser alguém na vida, ou "uma pessoa civilizada", eles reafirmam a própria identidade que se forja no processo de letramento. Sem terem clara consciência dos processos que subjazem à aprendizagem da leitura e da escrita, eles parecem vislumbrar que outra pessoa é construída durante esse trabalho, ou parafraseando Kupfer, *uma espécie de nova pessoa toma a frente.* A entrada na cultura escrita requer a construção de instrumentos simbólicos, de novos modos de pensar, uma vez que a linguagem, até então algo trivial e absolutamente incorporado ao sujeito, passa a ser tomada como objeto.

Ainda que esses processos ocorram inconscientemente, os alunos parecem perceber que aquilo que aprendem na escola opera uma mudança subjetiva que, exagerando as tintas do que diz Diego, poderia se resumir na transformação do ser "incivilizado" ao "civilizado". Nesse sentido (e talvez, para o desalento de alguns pedagogos), parece ter pouca importância quais conteúdos são ensinados, já que o mais importante aqui são os processos de aculturação e de subjetivação promovidos pelo aprendizado das letras.

Mas voltemos às falas das crianças procurando compreender o que, para elas, essas aprendizagens escolares significam. Se, em um primeiro momento (e em grande parte das vezes), ler e escrever são habilidades vistas apenas como um passaporte para o futuro tanto pelos pequenos quanto pelos grandes, quando inquiridos em outras situações além da produção escrita dos balanços de saber, eles são capazes de ir além do óbvio, das frases feitas, fazendo algumas relações entre a vida presente ou futura e as aprendizagens escolares. Nas conversas realizadas com as crianças de 4ª série, pode-se observar que muitos alunos percebem funções e objetivos do aprendizado escolar, assim como sabem que estão sendo educados, no sentido mais amplo do termo. Ser educado ou se submeter à educação escolar permite existir; por essa razão, "ser alguém na vida" e suas variações aparece com tanta freqüência nas escritas das crianças.

> Eu fui crescendo e comecei a estudar, aprendi várias coisas que até hoje aprendo tudo isso é bom para mim, vários professores

> me ensinaram, e isso é bom pois assim eu terei o meu futuro. (Maiara, 5ª, urbana)
>
> Eu aprendi que o futuro está no estudo da gente. Aprendi que indo a escola agente torna uma pessoa inteligente para mas tarde ter alguma coisa na vida e não ficar roubando de quem não tem nada também. (Benhur, 5ª, urbana)

Se por um lado, a escola é vista como o lugar da educação, da formação do indivíduo, aquilo que permite existir, observa-se que, para alguns, basta freqüentá-la para que isso se dê, ou seja, em muitas redações não é evidente que "para ser algo", "para ter um futuro", é preciso certo trabalho da parte do aluno. Bautier & Rochex (1998) afirmam que, para esse tipo de alunos, existe uma lógica do percurso (*cheminement*) ou da sobrevivência na escola que lembra uma "corrida de obstáculos". Para esses alunos, o valor e o sentido de estar na escola não estão ligados às aprendizagens escolares, mas ao fato de estudar até onde for possível, de tentar ter um bom trabalho ou uma vida melhor daquela que tiveram seus pais:

> No entanto, esta referência ao trabalho e ao futuro permanece confusa e indiferenciada, da ordem do imaginário; assim, ela não pode contribuir a conferir ou a restituir um valor e um sentido cognitivo ou cultural às atividades de aprendizagem e a seus conteúdos. Conseqüentemente, estes não possuem nenhuma legitimidade própria e só podem aparecer como "obrigações escolares", das quais é conveniente – pelo menos – "se livrar", na esperança de se "liberar". (p. 40)

Vejamos alguns exemplos que se aproximam dessa descrição:

> Eu aprendi bastante coisa como ir na escola depois eu sai do prezinho e fui para a primeira série, depois eu fui para a segunda série, todo isso é importante para mim depois eu fui crecendo mais. Na escola eu também aprendo bastante coisa na escola. (Rita, 4ª, urbana)
>
> A primeira coisa que aprendi foi a gatinhar. A segunda foi a falar. Quando eu tinha dois anos eu aprendi a parar de fazer xixi. Quando eu tinha cinco anos meu pai me ensinou a andar de bicicleta. Eu também aprendi a nadar com sete anos de idade. E também com sete anos eu fui na 1ª série, com a professora Jusara. Com oito na 2ª série. Com nove na 3ª série e com 10 na 4ª série. Agora com doze anos eu estou na 5ª d. meu professor de português é o C., de história é o B., de Física é a R., de matemática é o C., de artística é a B. e a de Inglês é a S. (Evandro, 5ª, urbana)

Observamos que, para essas crianças, passar de série é mais ou menos como crescer, não implicando nenhum esforço da parte do sujeito. Não há, pelo menos nas redações, nenhuma indicação de investimento do aluno, não há verdadeiramente mobilização *na* escola, embora possa haver mobilização *pela* escola. Bautier & Rochex (1998) fazem uma diferenciação bastante interessante a esse respeito que parece ir ao encontro do que vimos aqui:

> Na verdade, certos alunos podem estar mobilizados pela escola, no sentido que eles julgam sua escolaridade importante, que lhe atribuem valor; mas se não estiverem igualmente mobilizados na escola, na classe, isto é, em uma atividade cognitiva baseada nas atividades de aprendizagem e seus conteúdos, sua mobilização pela escola corre o grande risco de ter pouca eficácia porque se situa mais no registro de um discurso ou de atitudes voluntaristas do que no das aprendizagens. Desta forma, não conseguindo traduzir-se em resultados escolares satisfatórios, esta mobilização pela escola só pode progressivamente se enfraquecer.[8] (p. 36)

Como se viu anteriormente, a relação das crianças com os saberes escolares é muito tênue e, na verdade, afora a leitura e a escrita, outros conhecimentos pouco aparecem nos balanços de saber. Cerca de 20% das redações apresentam referências genéricas e tautológicas (como *"aprendo o estudo"*, *"aprendo muitas coisas")* ao passo que a evocação de conteúdos das matérias ou de capacidades advindas das aprendizagens escolares (que poderiam precisar o sentido e a função dos estudos) representa apenas 9,7% das ocorrências da categoria "Atividades Intelectuais e Escolares" (e 15,4% das ocorrências na 4ª, 4,8% na 5ª e 20,7% na 8ª).

De forma geral, esses dados mostram que, quando certos conhecimentos aparecem nos balanços de saber, eles têm uma importância *de per si,* não sendo necessário ou possível explicitar, falar ou refletir sobre eles, relacioná-los a outras situações. Os saberes escolares têm uma opacidade para todas as crianças, embora os mais velhos tenham, naturalmente, maior facilidade de abordar o tema. Aqui, podemos avançar duas hipóteses não excludentes: ou as aprendizagens escolares não têm muita função e sentido fora do âmbito escolar (além da óbvia porta para um futuro melhor), ou os sentidos e funções dessas aprendizagens estão presentes nos alunos de forma embrionária, fragmentada, sendo necessário um trabalho de elaboração – que implicaria distanciamento de si mesmo e do objeto de estudo; de descontextualização das atividades e conhecimentos – que poderia ser conquistado a partir do trabalho de aprender na escola. Reiteramos aqui a posição de Bautier & Rochex (1998, p. 54), que aponta para a inter-relação entre a formação dos modos de

---

[8] Em francês, mobilisation *sur* l'école e mobilisation à l'école.

pensar e da relação com o mundo e os modos de aprender e os conteúdos das aprendizagens. Contudo, alguns alunos conseguem explicitar o que Anabelle, Paulo e Tiago, todos de 8ª série, percebem em seu processo escolar:

> [...] Já na escola aprendi a ser educada, a sentar direito numa mesa escolar, aprendi como é nosso organismo, a calcular, histórias do passado, a ler, a escrever, a pintar, tudo isso com os professores. (Anabelle, 8ª, urbana)
>
> Aprender a ler e a escrever na escola, com os professores, porque nós adolescentes temos que estudar muito para podermos ser alguém na vida, para escolher nossas próprias decisões, para escolher uma profissão digna. Ler livros para ler histórias interessantes que há nele. Ler jornais para ler as noticias do mundo inteiro para vermos como o Brasil está se destruindo cada vez mais por causas da violências, por causa dos prefeitos corruptos, etc. (Tiago, 8ª, rural)
>
> Na escola eu aprendi a ler, escrever e adquirir mais educação e reforçar minhas idéias, para fazer redações e para entrar no mercado de trabalho com honestidade, não como políticos corruptos que quer roubar os povos, mas não são todos os que roubam, existem alguns honestos. Por isso eu estudo e os professores me ensinam e eu faço um esforço danado para aprender o que eles tentam explicar da 5ª série a 7ª série minha sala sempre foi os mesmo alunos eram considerados uma das melhores mas agora nós estamos em outra sala com alunos diferentes, amigos mas todos bagunceiros. Mas eu tento dar o melhor de mim porque esta sala seja uma das melhores como era a outra, agora eu não quero aprender mas sim ensinar. (Paulo, 8ª, rural)

Os fragmentos acima explicitam com clareza que, para alguns, os processos de aprendizagem escolar implicam um trabalho do aluno e promovem um desenvolvimento "já observável" (como dizem, mental, oral, moral, etc.). Aqui, certos conteúdos de aprendizagem ganham sentido tanto em relação ao presente quanto ao futuro, e podemos notar o registro epistêmico e identitário da relação desses alunos com a escola (que é também *relação com o saber*). Nesse caso, os conhecimentos parecem importantes em si mesmos, sem que sejam necessariamente úteis para a inserção profissional. Há, portanto, uma percepção de que existe um campo de saber (ainda que para alguns ele seja pensado em termos de disciplinas escolares, de objetos institucionais) no qual se pode transitar, ou ainda, que os conhecimentos podem ser vistos como objetos teóricos, que permitem pensar, refletir.

No entanto, se estudar significa ser alguém na vida, conhecer outros mundos, nosso próprio país, melhor se expressar, alguns "balanços" dão a impressão de que os alunos se sentem como um baú de conhecimentos que serão desalojados tão logo possam ser colocados em prática, sem que saibam muito bem de que maneira. Ainda assim, eles se sobressaem dos demais, representando uma forma diferenciada de relação com a escola (e com o saber).

Os trechos das redações acima também nos ajudam a compreender a diferenciação entre "ser alguém na vida" e "ter um trabalho, um emprego bom" proposta anteriormente. Embora esses alunos estabeleçam pontes entre a identidade e a profissão, vemos que os conhecimentos podem ser transformadores, ou como dizem, possibilitam "ser alguém". Esse modo de lidar com os conhecimentos escolares é diferente de uma relação mais instrumental, na qual a escola está diretamente ligada à profissionalização, como se vê nos trechos abaixo:

> Eu acho que a coisa mais importante para mim é estudar, porque a gente aprende. Aos 18 anos a gente tendo estudo, nós podemos trabalhar e ter um bom salário. Nós não ganhamos dinheiro atoa, se nós não tivesse o estudo, nós não estávamos trabalhando. O trabalho é uma coisa que todos devem ter pelo menos um dia por semana. Se todo mundo trabalhando o Brasil não estaria assim do jeito que ele está, mas com todo o mundo ajudando, aí sim o Brasil vai para frente. (Daniel, 4ª, rural)
>
> Eu acho importante respeitar o pai e a mãe em primeiro lugar. Prestar atenção no professor para aprender e algum dia ter uma profissão boa. (Danilo, 5ª, urbana)

Apesar de alguns alunos dizerem que é necessário estudar, isso não necessariamente implica um trabalho cognitivo, pois estudar pode significar "completar os estudos", "ter um diploma". O fragmento do texto de Danilo é evidente, parece que prestar atenção no professor basta para que a aprendizagem ocorra. Vemos também que os alunos respondem basicamente ao senso comum: sem um diploma de Ensino Fundamental, as chances de emprego são bastante restritas. No caso dessas crianças, é importante sublinhar, esse aspecto é de fato fundamental, se lembrarmos que *a maioria delas atingirá um número maior de anos de estudo que seus pais,* muitos deles submetidos a empregos menos qualificados devido a uma baixa escolaridade (especialmente os de zona rural). Pela freqüência com que esse bordão aparece nos textos, ele deve ser continuamente escutado em casa, na escola, assim como ainda é nos meios de comunicação. Apesar dessa ênfase, no atual momento temos uma infinidade de exemplos nos quais o diploma não é condição de ascensão, muito pelo contrário: vários ídolos de TV ou do futebol não possuem sequer diploma de ensino médio. Este fato, comumente lembrado nas escolas das grandes cidades, não apareceu em nenhum momento da coleta de dados.

As redações permitem ainda observar que em nosso país há uma grande diferença social quanto à profissionalização: para os jovens de classes populares há empregos, para os de classe média, há profissões. No autorretrato do futuro proposto nas oficinas ou ainda nas entrevistas, várias crianças imaginaram para si profissões que requerem formação superior ou cursos especializados, mas nas redações é mais comum que se refiram à chance de ter um bom emprego, qualquer que ele seja. Isso significa muito mais um desejo de se distanciar de trabalhos braçais ou de buscar uma (suposta) boa remuneração do que uma escolha vocacional. Ainda que os sujeitos desse estudo sejam jovens e a inserção no mercado de trabalho esteja distante, vários deles dão maior ênfase à necessidade de ter um emprego do que no desejo de investir em uma vocação.

Assim, se a conquista de um diploma de ensino médio nem sempre é um pré-requisito para a obtenção de um emprego (especialmente no caso dos trabalhadores rurais), ela, bem ou mal, mobiliza os alunos para os estudos, como ressalta Souza (2000, p.36):

> Não ter o sentimento de estar em mobilidade ascendente, não ter a expectativa de, pela escolarização, poder chegar a um status superior, social ou culturalmente, significa hoje dizer que o sucesso escolar promete pouco, mas o fracasso escolar[9] continua *esmagador*. A massificação do ensino desvalorizou o diploma, fato que, num país de passado escravista, tem conotações múltiplas e ainda pouco analisadas; menos que a criação de uma norma de igualdade inerente à cidadania, ao que se assistiu foi uma inflação de certificados, que deixaram de ser signos, tradicionais ou modernos, de qualificação ou conhecimento. Se algumas famílias preservaram o estudo como valor, foi menos para assegurar um futuro brilhante para seus filhos que para evitar a catástrofe do descenso social ainda maior.

Crianças e, sobretudo, jovens que vivem em pequenos municípios parecem ter vantagens sobre aqueles da periferia das grandes cidades. Esses últimos têm claro que, de saída, estão em franca desvantagem para competir no mercado de trabalho, cada dia mais exigente, cujas melhores oportunidades são oferecidas àqueles que têm condições de arcar com uma formação ao mesmo tempo heterogênea e especializada. Nas pequenas cidades, o diploma de ensino médio ainda é um valor importante, mesmo que saibam que uma boa formação não seja garantia de um bom emprego. Também é possível que a relação com o futuro diploma ajude esses alunos a construírem um outro tipo

[9] Sobre o fracasso escolar, ver também outras reflexões em Souza (1998).

de *relação com o saber*, tal como ocorre com determinada população de estudantes franceses (Charlot, Bautier & Rochex, 1992, p. 81) – o que inicialmente era apenas uma relação com a escola, pouco a pouco, pode tornar-se uma *relação com o saber*, pelo gosto que acabam desenvolvendo pelo próprio saber.

Analisando a escola na modernidade, Lajonquière (1998; 1999) afirma que ela significava um lugar onde a criança tinha certas obrigações pelas quais não recebia uma recompensa imediata - o esforço do estudo, o respeito por adultos a quem não se é obrigado a amar, o valor dos conhecimentos, a sociabilidade entre pares. Essa necessária renúncia a um pagamento imediato possibilitava sua inserção no mundo adulto, ou no *espírito das leis*:

> A renúncia implicada no mundo das leis é, precisamente, uma renúncia ao imediatismo do gozo, embutido no valor de troca das coisas convertidas em mercadorias. [...] No entanto, hoje em dia, a idéia tanto de se ensinarem conhecimentos utilitários, conforme necessidades atuais ou futuras, quanto de tornar "natural" (sem esforço psíquico) o aprendizado, com vistas ao usufruto da felicidade "natural" à infância, coloca em circulação uma outra mensagem, qual seja: trata-se de uma empresa movida pelo imediatismo da satisfação. Assim, antes, a escola se sustentava na veiculação da promessa das crianças virem a usufruir num futuro o lugar existencial de adulto, entretanto, hoje, tanto o ensinado quanto o ato de ensinar valem apenas na proporção do gozo imediato que promovem. (Lajonquière , 1999, p. 84)

Vemos que o diploma, anteriormente símbolo do fim de um longo e trabalhoso percurso no qual indivíduo e saber se transformavam, foi gradativamente coisificado; um produto destituído do processo. Se o diploma simbolizava a transformação do ser, representando um novo lugar pessoal e social (que implica um desejo adiado, esperado, almejado de "ser grande"), ele passa a ser somente um pré-requisito, uma porta de entrada para a inserção no mercado de trabalho. O mito do diploma é a ilusão que a própria escola precisa alimentar para sobreviver. Acreditar que a escola abre portas, que o diploma tem grande valor social, que através dela se pode ter um bom futuro, ser alguém melhor, enfim, pertencer ao mundo adulto, faz com que muitos alunos invistam em seus estudos, mobilizem-se pela escola (e, talvez, *na* escola). No entanto, quanto mais utilitária e imediata for essa relação dos jovens com a escola, mais ela perde legitimidade, menor é sua capacidade de oferecer um lugar real no mundo das leis. Ou, como afirma ainda o psicanalista "quando a espessura simbólica das práticas cotidianas diminui, fica mais difícil para as crianças e jovens ganharem uma condição existencial" (Lajonquière, 1999, p. 85) e assim, passam a querer conquistar por seus próprios atos o lugar que lhes foi recusado. Para que o diploma não seja uma ilusão, tanto a criança precisa fazer valer o esforço de sua renúncia quanto o diploma precisa simbolizar o final desse processo.

Se, por um lado, a suspensão dos ganhos futuros pode indicar a "renúncia ao imediatismo do gozo", por outro, parece indicar uma incompletude de um ser que não se concretiza, desprovendo as atividades escolares cotidianas de sentido e de valor. O indivíduo é sempre um *vir-a-ser*, portanto, sempre voltado para o futuro. Certo, o sentido das experiências é construído no tempo e, muitas vezes, as possibilidades de futuro auxiliam nessa tarefa (cf. ROCHEX, 1995). Mas os sentidos das experiências são construídos também nas trilhas do ontem e nos passos do hoje, ao que parece, muito mais difíceis para esses jovens de integrar e de significar. Nos tempos atuais, voltamo-nos todos para adiante, como se o futuro contivesse inexoravelmente a idéia de progresso. Resta saber como os alunos que vivem em sociedades pautadas na tradição, como é o caso das sociedades rurais, vivem essa tensão, pois

> sem testamento cultural e sem escola – que indique, selecione e nomeie, que transmita e preserve, que fale onde se encontram os tesouros e qual seu valor – não pode existir continuidade consciente do tempo, e portanto, em termos humanos, nem passado nem futuro. Pode-se questionar a herança no todo ou em parte, deve-se alargar o círculo de herdeiros, mas não se pode negar que esta transmissão do capital cultural tenha razão de existir. (SOUZA, 2000, p. 41)

Nossa escola e nossos jovens respondem, portanto, a essa demanda. Não é sem razão que os jovens mantenham o olhar fixo para o futuro.

Aprender na escola, aprender em outros lugares

Segundo a psicanálise, a aprendizagem não é somente apropriação de conhecimentos, mas também de significados, de marcas simbólicas. Aprender permite ao indivíduo inscrever-se na história, pois, apropriando-se do saber de seu mestre, o aprendiz passa a ter uma dívida simbólica com uma tradição cultural que o assujeita. Ao mesmo tempo, quando o aprendiz se apropria do conhecimento, diferencia-se de seu mestre, tornando-se um indivíduo singular. A aprendizagem escolar requer, portanto, transformações subjetivas, da autoimagem, do lugar social e simbólico ocupado pelo sujeito, que se apóiam e tecem a mobilização do aluno nas atividades (simbólicas e materiais) escolares.

As regras constituintes da escola são específicas – o modo de funcionamento e de organização, a gestão das relações e dos conhecimentos, o tempo e o espaço destinados ao ensino –, o que garante sua *especificidade* em relação a outros espaços de aprendizagem (a família, a rua, a Igreja, etc.). A entrada (e a permanência) na escola representa para as crianças a iniciação em processos característicos de aprendizagem: entra-se na escola para continuar a aprender (o que fará com que o saber e a escola tenham sentido), mas aprendem-se conhecimentos específicos, através de processos particulares, diferentes das aprendizagens anteriores (de modo que o aluno possa relacionar-se com o saber e com a escola de maneira particular). Assim, a escola demanda o domínio de uma dinâmica que implica *continuidade* e *diferenciação*, que deveria permitir que o aprendizado escolar ajudasse o aluno a construir o sentido do mundo, de si, das relações com os outros e com "a vida".

Considerando que a relação com o saber e com a escola se constrói nesse processo de continuidade/descontinuidade/especificidade, Charlot (2001, p. 150) acredita haver três saídas logicamente possíveis para os alunos:

- *a ruptura sem continuidade* – aprender na escola é diferente de aprender na vida; a escola e a vida concorrem, é preciso escolher entre "se dar bem" na vida ou na escola;
- *a continuidade sem ruptura* – aprender na escola é se adaptar às regras, percebidas como estranhas e arbitrárias, uma vez que não se relacionam com as especificidades dos conteúdos e das atividades escolares; se essas regras são cumpridas, tem-se direito a uma boa profissão. Em outras palavras, é preciso sobreviver à escola para se "ter uma vida melhor";
- *a intersignificação* (entrada na dialética continuidade-ruptura), o aluno aprende a tirar proveito da heterogeneidade e da especificidade de dois mundos diferentes; aprender na escola permite melhor compreender a vida (e a si mesmo), ter acesso a mundos novos nos quais também se encontra o sentido, o prazer, o outro.

Segundo o autor, as duas primeiras hipóteses parecem ser as possibilidades mais freqüentes entre os jovens das camadas populares, uma vez que, para eles, a lógica de aprender "a vida" (os embates cotidianos, a necessidade de sobreviver) é muito diferente daquela exigida para se aprender na escola. A terceira possibilidade – aprender na escola permite melhor compreender a vida – parece ser a mais freqüente entre os jovens de classe média, cuja luta pela sobrevivência não é tão dura, mas também porque a escola saberia melhor ajudá-los nessa tarefa.

Pensando nessas questões, voltemos o olhar para nossa população de estudo. No caso das crianças e dos jovens residentes da zona rural desse município, existe uma primeira diferenciação entre a vida e a escola que é bastante evidente, podendo ser constatada nas entrevistas, nas escolas rurais ou nas casas dos moradores dos bairros. A começar por níveis mais objetivos, como o espaço e o tempo: poucas crianças possuem em casa material escolar variado e disponível (cola, lápis de cor, papéis, cadernos ou livros); o ambiente da sala de aula também é muito distinto do que possuem em casa (raramente vamos encontrar na roça um mobiliário exclusivo para a criança estudar); além disso, as atividades escolares têm características marcantes[10], organizadas em tempos segundo o planejamento escolar (que, de certa forma se contrapõe ao tempo da roça que é aquele da natureza). Assim, se o tempo e o espaço estabelecem de antemão algumas diferenças entre a vida doméstica e a escolar, outros níveis de diferenciação também são percebidos pelos alunos - como os modos de aprender e os conteúdos de aprendizagem.

Observa-se que, para os menores, aprender é, muitas vezes, sinônimo de aprendizagem escolar, e como essa é bastante valorizada exatamente por sua especificidade, é mais relevante que outras (as aprendizagens cotidianas ou lúdicas, por exemplo, só aparecem quando as crianças são levadas a refletir). Vejamos o exemplo de Cássia (4ª, rural):

> - *Então, como será que uma pessoa aprende a andar de cavalo?*
>
> - Vendo os outro andar.
>
> - *E como a gente aprende a fazer conta, será que é vendo os outros?*
>
> - Não. A gente mesmo tem que... pensar como tem que fazer, fazer bem certinho.
>
> - *Você acha que é igual aprender coisas fora da escola ou dentro da escola?*
>
> - Na escola.
>
> - *Na escola é mais importante?*
>
> - É, porque na escola ensina direitinho, fica guardado na cabeça da gente.
>
> - *E as coisas que você aprende em casa não são importantes também?*
>
> - São.
>
> - E *é mais importante ou é igual?*
>
> - Igual.

[10] Aulas de Educação Física e Inglês fazem parte do currículo das escolas rurais locais, dadas na própria escola, e aulas de computação, ministradas na escola da cidade, cada uma com um professor específico. Para as crianças da roça, estas aulas são momentos ainda mais distintos do cotidiano escolar.

- *O que a gente aprende em casa?*

- A lavar, a limpar, a cozinhar.

No caso dos alunos maiores, também existe uma clara diferenciação entre as aprendizagens da escola e as extra-escolares. Algumas vezes, entendem que aprender fora da escola é igual a aprender na rua e isso não é bom; a "rua", símbolo da exterioridade, é um local ameaçador, onde se pode aprender o que não deve. De forma geral, as crianças estabelecem diferenças claras entre aprendizagens escolares e não-escolares porque percebem objetos de conhecimento distintos, diferentes modos de aprendê-los e características particulares de quem os ensina. Outras, embora percebam distinções, acham que tudo é aprender, como é caso de Jô (8ª, rural):

> - Todas as coisas que a gente aprende assim, depende das coisas, são bons, mas eu acho que de casa eu acho que é o mais importante, porque ali já vem dos pais c'as mães com a gente. Eu acho que de casa é melhor, é mais bom.
>
> - *Em casa a gente aprende o quê?*
>
> - Aprende, assim por exemplo, os pais podem ensinar principalmente educação, os pais podem ensinar as coisas pro nosso bem. Aprende como viver, como ter educação com os outros, a trabalhar, então eu acho que em casa... escola, rua a gente aprende as coisa, mas pra mim o mais importante é em casa.
>
> - *Logo no começo você falou que você tinha aprendido a andar a cavalo, qual a diferença que tem entre aprender a andar a cavalo e a fazer conta?*
>
> - (ri) A diferença de andar a cavalo... Andar a cavalo pode cair e aprender a fazer conta de matemática pode errar a conta. [ ]Eu acho que não tem diferença porque pra gente aprender a andar a cavalo a gente tem que usar a cabeça e pra aprender a fazer conta de matemática tem que usar a cabeça também. Acho que não tem diferença não.
>
> - *Você acha que é mais importante aprender fora da escola, dentro da escola, ou é igual?*
>
> - Eu acho que dentro da escola é melhor.
>
> - *E o que a gente aprende em casa? É mais importante ou é igual ao que a gente aprende na escola?*
>
> - É igual...mas na escola eles explicam melhor. Em casa às vezes vai explicar, mas não sabe direito...

Na verdade, os alunos percebem diferentes formas de aprender, ou "figuras do aprender" nas palavras de Charlot (2000, p. 66-71), cada qual requerendo uma atividade de natureza distinta. A partir dessas "figuras do aprender", Charlot apreende três formas de relação epistêmica[11] com o saber que, neste caso, são úteis para melhor compreendermos os processos das crianças:

Objetivação-denominação – processo que constitui um saber-objeto e um sujeito consciente de ter se apropriado desse saber. Aqui, aprender é apropriar-se de um saber que não se possui, mas que é encarnado em objetos empíricos, abrigado em locais, apropriado por pessoas.

Imbricação do Eu na situação – aprender é dominar uma atividade engajada no mundo (nadar, cozinhar, aprender informática) ou capacitar-se a utilizar um objeto (máquinas, instrumentos). A atividade de aprender é passar do não-domínio ao domínio de uma situação. Portanto, não há produção de um objeto-saber que não tenha referência com a atividade de aprendizagem. Nesse caso, o Eu é imerso na situação, não é um Eu reflexivo.

Distanciação-regulação – aprender é dominar uma relação (consigo, com os outros), apropriar-se de uma forma intersubjetiva, construir uma imagem de si; é regular essa relação e encontrar distância conveniente entre si e os outros, entre si e si mesmo. O sujeito epistêmico é sujeito afetivo e relacional. Nesse processo, o produto não é independente da relação.

Assim, qualquer que seja o processo de relação com o aprender (e com o saber) em evidência em determinada situação de aprendizagem (ainda que eles possam se entrecruzar), vimos que os alunos estabelecem diferenças entre elas, atribuem-lhes valor e tentam, cada um a seu modo, significar as experiências escolares em relação a outras. A questão que se coloca é que, em alguns momentos, lógicas distintas permanecem como que paralelas, sem que os alunos possam entrecruzá-las ou intersignificá-las. Em outros, parece haver possibilidades de passagens. Resta saber se existem (e quais são) as particularidades no universo rural, e como os processos de continuidade/descontinuidade/especificidade próprios ao aprendizado escolar se dão para os alunos que vivem na roça.

Os valores como principal aprendizagem

Quando as crianças e os jovens redigiram o balanço de seus saberes, as aprendizagens relacionais e afetivas foram as mais evocadas na 4ª e na 8ª série e apareceram em segundo lugar na 5ª (respectivamente, 25,5%, 30,8% e

[11] Araújo, neste livro, também faz uso dos processos epistêmicos para analisar as relações que os internautas desenvolvem com a escrita.

21,8% de todas as ocorrências em cada série). Embora isso não se repita com tal intensidade nos instrumentos das oficinas ou nas entrevistas, esse é um dado importante que vem corroborar o que já havia surgido em outras pesquisas estrangeiras (Charlot, 2001), nas quais tais aprendizagens aparecem com grande relevância nos balanços de saber de diferentes países. Por essa razão, vale a pena analisarmos, mais atentamente, seu significado em nosso contexto.

As aprendizagens relacionais e afetivas que dizem respeito à *conformidade*[12] são as mais evocadas e representam nada menos que 19% de todas as ocorrências na 4ª, 15,7% na 5ª e 15,3% na 8ª. Se incluirmos aqui as aprendizagens evocadas na categoria *religião* ou em *relações de harmonia* (aprendi a ajudar, a conviver, a gostar, a receber/dar carinho) que falam de conteúdos correlatos, teremos 3/4 dos alunos evocando, em seus balanços, aprendizagens relativas à socialização.

Essas aprendizagens são especialmente relacionadas à família, mas têm um papel importante na escola. Para os alunos, a escola é também um lugar de se aprender as leis, os valores e as regras de convivência social (como o respeito, o companheirismo), de conduta pessoal (aprender a não usar drogas...), de participação no mundo (preservar a natureza...), além daquelas que fazem parte do chamado ofício do aluno (sentar direito, fazer as tarefas, etc.).

Em uma primeira leitura, podemos compreender que a grande tarefa que se coloca para as crianças e os jovens é tornar-se um ser social, pois as aprendizagens de cunho antropológico estão no centro de sua vida: aprender a conviver, a estabelecer e manter diversos tipos de relação; a desenvolver diferentes habilidades; a fundar referências e pontos de vista; a construir a si mesmos. Uma grande necessidade de pertencimento se esboça e, para pertencer à comunidade, seja ela o bairro, a escola, seja ela a cidade, o mundo, é preciso lidar com as regras.

Vejamos alguns trechos destes textos:

> Desde que nasci aprendi muitas coisas como cuidar da natureza, cuidar das águas, jogar o lixo no lixo e muitas outras coisas poraqui na escola. Eu aprendi isso na escola não só na escola como em casa tudo isso grassa de Deus e nossos pais que nos ajuda desde criança poriso eu digo que tudo mundo [deve] vir na escola. E eu aprendi isso com os meus professores que nos

---

[12] Nesta subcategoria aparecem aprendizagens como: ser educado, ter educação, comportar-se, aprender o certo e o errado, respeitar, obedecer, ser honesto, sincero, bom; há também as formas negativas: não usar drogas, não fumar, não bater, não xingar, etc.

> ajuda e faz nós aprender ele nos ensina com amor e não com ódio e assim que eu aprendi e aprendo até oje na escola. (Reginaldo, 5ª, rural)
>
> Aqui na escola aprendi muitas coisas como não ficar perto de quem faz bagunça e a não ficar conversando muito na aula. (Leandro, 5ª, rural).

A escola, como uma das principais instituições de socialização, é lembrada porque impõe, transmite e perpetua uma série de regras e valores necessários ao convívio social (e escolar), além de permitir uma ampliação dos papéis familiares. Essa função da escola é especialmente importante para as crianças de zona rural, tanto no momento que nela ingressam (geralmente aos 7 anos) como quando passam para a 5ª série, que, no caso do município em questão, significa estudar na cidade, em uma escola "diferente". Passar a estudar na cidade implica um deslocamento não apenas geográfico, mas sociocultural, uma vez que pressupõe um confronto com outras formas de viver em um mesmo território. Como observam Bautier & Rochex (1998, p. 47), apoiando-se em Wallon, "esta pluralidade de meios (e de experiências), e o jogo assim possível entre cada um deles, é decisivo para que possa advir e se desenvolver o Eu de cada sujeito". Não sem razão, essas transições aliam temor e curiosidade, relatadas em muitas das entrevistas, e, acreditamos, operam uma mudança na relação dos meninos com a escola e com o saber a partir da 5ª série, haja vista a significativa discrepância de dados nos balanços de saber, especialmente na 5ª série.

Se a escola aparece como um lugar importante para a aprendizagem do convívio e das regras sociais, a família é o esteio e sua principal fonte. Diferentemente da pesquisa realizada na capital paulista na qual a mãe aparecia como figura principal da educação familiar, aqui, os pais, outros membros da família e da comunidade dão a sustentação moral, ética e religiosa que vai permitir o desenvolvimento e a consolidação do que esses jovens são e almejam ser. Os exemplos são inúmeros, voltemos aos textos dos alunos:

> Foi minha tia Fatinha eu prendi com cinco anos amar as pessoas! Minha mãe fez eu aprender a comer e a falar e a não falar palavrão e não brigar e ser bonzinho com todo mudo. E a minha tia que se chama Clarisse me prendeu para mi não chigar e sustar o zoutro. Prendeu a amar a natureza e cachorro não fumar maconha e não fumar e não robar sim estudar bastante e não entrar na frente do carro. E a minha madrinha que se chama Maria não por praga e sim respeitar os pais não chigar as tias e não dar chuto nos outro. Eu aprendi com as professoras a prender a escrever palavra agora eu sei quais tudo as coisas

> por isso é que eu estou na escola para a prender mais coisas estou muito feliz. (Wellington, 4ª, rural, 59)
>
> Durante meus quatorze anos de vida, venho aprendendo muitas coisas que marcaram e modificaram minha vida e meu modo de viver. Uma de minhas aprendizagens foi amar, amar a todos que me rodeiam e me querem bem. Isso eu aprendi em casa com meus pais. [...] Não vamos também discriminar a escola, algumas coisas que sei hoje, é devido a escola, que faz a sua parte, mas confesso uma coisa, acho que a maioria das coisas que aprendemos é mais devido aos nossos pais que afinal mandam em nós e convivemos na mesma casa, ou seja, qualquer coisinha que fazemos errada, estão ali nos cobrando para fazermos o certo. (Mariane, 8ª, urbana)
>
> Desde que nasci aprendi muitas coisas a mais importante foi minha educação, eu aprendi encasa quem me ensinou foi meus pais. [...] Mas não é só isso eu também aprendi a ir a igreja, amar a Deus e ter muita fé, vou direto na Igreja principalmente agora que já passou na Semana Santa fui todos os dias isso eu acho que foi a segunda coisa mais importante quem me ensinou não foram os meus pais mas sim também meus catequistas, eu aprendi em casa e no meu bairro. (Paulo Vítor, 8ª, rural, 218)

Nesses trechos, podemos perceber o valor atribuído à educação familiar, tanto para as crianças de zona rural como de zona urbana. O fragmento do texto de Mariane talvez seja o que melhor ilustre essa questão, porque nele se observa o titubeio e o frescor adolescentes na tentativa de justificar (sem ferir suscetibilidades!) porque a escola é secundária na educação dos jovens. Observamos também que a presença da Igreja Católica não se limita às obrigações religiosas ou aos rituais festivos a ela ligados (nesse caso, completamente integradas ao cotidiano da cidade); há uma forte moral cristã que perpassa as relações sociais e parece ser um importante componente na construção da identidade dos alunos.

Gostaria de analisar essa ênfase nas aprendizagens relacionais (e, sobretudo, nos aspectos de conformidade a elas relacionados), a partir de dois pontos de vista: o primeiro mais ligado aos aspectos psicológicos, e o outro, aos sociológicos, naturalmente, em íntima relação. Para compreender esse contexto rural, precisamos ler, simultaneamente, o universal e o particular, o todo e a parte.

Se considerarmos a faixa etária da população de estudo – a passagem da infância para a adolescência –, parece natural que a construção do Eu tome a frente, uma vez que a grande tarefa que se lhes coloca é aprender a viver no mundo. Para tanto, é necessário garantir dois aspectos essenciais deste viver no mundo, os que foram aqui classificados como chamados *Saberes e Habilidades Básicos* e as *Aprendizagens Relacionais e Afetivas*. Os primeiros são bastante evocados na 4ª e na 5ª e sua importância decresce na 8ª quando estas aprendizagens primeiras - comer, falar, andar, correr, higiene pessoal, etc.- estão devidamente incorporadas e parecem se distanciar de outras aprendizagens; talvez, por essa razão, elas não precisem mais ser evocadas.

Ao lado dessas aprendizagens de base, vêm as aprendizagens relacionais que, além de permitirem a convivência social integrando a criança na comunidade humana, parecem estabelecer diferenças pessoais que, nessa fase de desenvolvimento, são importantes. Assim, se por um lado aprender a amar, a conviver, a respeitar, a ter educação refere-se a todos e possibilita a integração na ampla comunidade dos homens, por outro, também permite uma diferenciação individual. É como se, nesse momento, a individualização se desse em um nível moral, isto é, aparta aqueles do "Bem" (os educados, os respeitosos, os responsáveis, os tementes a Deus e às leis do homem) e os do "Mal" (os bagunceiros, os desrespeitosos, os drogados, os transgressores). Ainda que alguns alunos façam uma autocrítica em seus textos, ninguém se coloca do lado do "Mal": o mal são os outros (os alunos bagunceiros, os que brigam, as pessoas falsas, mal-educadas, as que não cuidam da natureza...), a sociedade (os políticos corruptos...), o mundo (guerras e injustiças). Em um momento em que crescer é a grande tarefa – o que inclui toda essa gama de aprendizagens evocadas, incluindo as escolares –, não basta crescer como qualquer um, ser alguém no mundo, é importante responder aos parâmetros morais da comunidade que filiam e dão identidade, isto é, aqueles que os singularizam.

E é aqui que recorremos a uma leitura mais específica de cunho sociológico, ou antropológico, que se ampara simultaneamente no antropólogo Roberto DaMatta (1997) e no psicanalista Luiz Cláudio Figueiredo (1995). Ambos procuram fazer uma leitura da sociedade brasileira contemporânea; o segundo apóia-se em algumas idéias do primeiro e enfoca especialmente a construção da subjetividade no Brasil, utilizando-se das noções de indivíduo e pessoa[13]. Retomemos, pois, algumas dessas idéias.

DaMatta (1997) afirma que no universo social brasileiro existem dois sistemas que convivem dialeticamente: o dos indivíduos e o das pessoas. Nas sociedades ocidentais modernas, a *noção de indivíduo* é dominante e ponto central de elaboração ideológica; ela recobre tanto a idéia do indivíduo como unidade social isolada, na qual a força está no "eu" (e então são

---

[13] Nesse trabalho, Luiz Cláudio Figueiredo estabelece, na verdade, três categorias de análise da Modernidade: sujeito, pessoa, mero indivíduo.

valorizados os sentimentos, as idéias, a liberdade, a individualidade, o livre-arbítrio), quanto a idéia de que indivíduo contém a sociedade em si. Nas sociedades tradicionais, holísticas e hierarquizantes, a noção de pessoa prevalece, podendo ser caracterizada "como uma vertente coletiva da individualidade, uma máscara colocada em cima do indivíduo ou entidade individual (linhagem, clã, família, metade, clube, associação, etc.) que desse modo se transforma em ser social" (p. 223). Nesse caso, o indivíduo é imerso na sociedade, a pessoa remete ao todo e não à unidade, ela é "o elemento básico por meio do qual se cristalizam relações essenciais e complementares do universo social" (p. 222).

Para elucidar ambas as noções, é interessante utilizar a caracterização feita pelo próprio autor (p. 225-226):

INDIVÍDUO	PESSOA
Livre, tem direito a um espaço próprio.	Presa à totalidade social à qual se vincula de modo necessário.
Igual a todos os outros.	Complementar aos outros.
Tem escolhas, que são vistas como seus direitos fundamentais.	Não tem escolhas.
Tem emoções particulares.	
A consciência é individual.	A consciência é social (isto é, a totalidade tem precedência).
A amizade é básica no relacionamento = escolhas	A amizade é residual e juridicamente definida.
O romance e a novela íntima, individualista (obra do autor), são essenciais.	A mitologia, as formulações paradigmáticas do mundo são básicas como formas de expressão.
Faz as regras do mundo onde vive.	Recebe as regras do mundo onde vive.
Não há mediação entre ele e o todo.	A segmentação é a norma.

No entanto, no entender de DaMatta (1997), existem zonas de conflito e de passagem entre os dois sistemas. Assim, vivemos ora em um universo de indivíduos, ora em universo de pessoas, e as passagens ocorrem tanto em um sentido quanto em outro. O autor dá vários exemplos (alguns bastante ligados à questão da autoridade e dos usos dos *ethos*, centro do ensaio em questão[14]), mas talvez o mais claro seja a relação entre a *casa e a rua*: ao

[14] Apesar de todo o livro fazer uma análise do tema, refiro-me especialmente ao capítulo denominado *Sabe com quem está falando? Um ensaio sobre a distinção entre indivíduo e pessoa no Brasil.*

nascermos somos indivíduos e nos pessoalizamos através do nome dado no ritual de batismo; a casa é o lócus de pessoas que exercem papéis complementares (pai/mãe, pais/filhos, velhos/moços, família/empregados, etc.). Os rituais e certos momentos de transição são passagens entre o universo familiar e o mundo:

> Do primeiro dia na escola ao primeiro dia no trabalho, passando por todos os rituais como o batismo, a crisma, os aniversários e, sobretudo, as formaturas, todos os movimentos são ocasiões para uma aguda tomada de consciência de afastamento do grupo de substância e do lar, esse ponto de referência fixo na vida de qualquer brasileiro. [...] Normalmente, a passagem é de pessoa a indivíduo e depois a pessoa, quando o emprego se torna familiar e os laços de simpatia, amizade e consideração são estabelecidos com os patrões. Um padrão fixo de relacionamento social é, assim, a norma e o modelo, sendo toda mudança de emprego encarada como um recomeço da transformação do emprego em lar, pois é esse o ideal (p. 240).

De um universo ao outro, contamos com mediadores – padrinhos, patrões, pistolões, entidades espirituais, etc. – que "amenizam" nossa transformação em indivíduos anônimos, ou como diz Figueiredo, em "meros indivíduos"[15].

Os alunos deste estudo ilustram com clareza essa diferenciação entre a casa e a rua, especialmente quando tomam a rua como um lugar ameaçador onde não se aprende nada de bom. Desde cedo, essa diferenciação se estabelece e, creio eu, ela é mais acentuada no mundo rural. Vejamos um exemplo bastante trivial. O fato de uma pessoa se chamar João (do) Antenor, ou Dito (da) Joana mostra que a sociedade rural é baseada em uma rede familiar que escancara a filiação e estabelece uma identidade pessoal geracional. Por mais que nas cidades possamos também fazer referências similares a fim de situar nosso interlocutor (talvez mais ancoradas nos parceiros conjugais do que na filiação), essas não são usadas em toda parte. Na zona rural, estamos no âmbito das *pessoas*, e o nome de filiação é incorporado ao nome de batismo, sendo utilizado por todos. Esse aspecto, aparentemente anódino, revela o tipo de universo em questão, com importantes conseqüências no campo da educação.

[15] Interessante observar que nesse município, provavelmente semelhante a outros onde os rituais são muito importantes, há várias "formaturas" ao longo do percurso escolar (do pré, da 4ª série, da 8ª e do 3º ano do ensino médio) e as "padrinhagens" são bastante consideradas: além dos padrinhos de batismo e de crisma, que estabelecem um vínculo forte entre as famílias, os formandos de 8ª série e também de 3º ano do ensino médio escolhem um padrinho ou madrinha em sua formatura.

Neste Brasil rural, estamos às voltas com sociedades que possuem dimensões pré-modernas, nas quais as pessoas exercem papéis complementares, vinculados às relações familiares ou comunitárias que determinam a conduta social. Como caracteriza DaMatta, *pessoas* recebem as regras do mundo em que vivem, as relações entre elas e a sociedade mais ampla são mediadas, enfim, a totalidade tem precedência sobre o particular. Na zona rural, isso resulta em um comportamento mais reservado (às vezes hostil ao que é estrangeiro), a manutenção de uma linguagem própria, bastante territorializada, o cuidado com a casa e o trabalho familiar (doméstico ou agrícola), a preservação da tradição através dos mitos e das festas. Aliás, é interessante ressaltar uma característica bastante particular da roça (e "estranha" para nós das zonas urbanas) também ilustrativa desse tema: a quase inexistente comemoração dos aniversários (que individualizaria a pessoa dentro da rede social) em oposição à intensa comemoração de festas religiosas, sejam as ligadas aos sacramentos (batismo, crisma, casamento), sejam as que celebram as inúmeras datas santas.

O grupo de discussão feito com os alunos de 1º ano do ensino médio revela que os alunos de zona rural estabelecem certas diferenças entre morar na roça ou na cidade. É importante salientar que, apesar de esses oito alunos morarem em bairros rurais, há os que são filhos de lavradores e aqueles cujos pais trabalham na cidade como operários, gerentes de fábrica ou profissionais liberais. Desse modo, os habitantes de zona rural não exercem necessariamente atividades agropecuárias e, por certo, não possuem o mesmo nível socioeconômico. A escola pública, em uma pequena cidade, geralmente congrega uma heterogeneidade social maior que uma escola de um bairro periférico urbano. A maioria dos alunos fala do contato com a natureza, da falta de violência e de poluição (ainda que, na zona urbana, ambas inexistam), da possibilidade de comer o que se produz, do sossego e da tranqüilidade de ir e vir, como aspectos favoráveis de se viver na roça. No entanto, reclamam do problema de transporte (escolar inclusive) nas estradas vicinais, especialmente nos dias chuvosos da época de verão, que às vezes os faz perder aulas. Como são jovens, naturalmente se ressentem da distância que ficam do comércio, dos amigos da escola, da falta de opções de lazer, da dificuldade de freqüentar as festas da cidade, e esse é um aspecto ressaltado por todos. Claro que, nessa faixa etária na qual a vida social é tão relevante, a maior parte deles demonstra certo desagrado com o fato de morarem "longe".

Essas diferenças existentes dentro do universo chamado rural parecem indicar que o fato de residirem na roça implica um modo de viver ainda mais particular, com uma lógica própria. Isso reforça a idéia de que a transição para a 5ª série provoca, de fato, uma série de descobertas – em especial, a sociabilidade e a cotidianidade da cidade – que interferem na relação das crianças com a escola (e com o saber). Além disso, se há uma lógica própria à vida rural, esses alunos têm que administrar *três lógicas diferentes*: esta, referente à especificidade de morar na cidade ou no campo; a que se refere à questão que em nossa sociedade vivemos simultaneamente em um universo de pessoas ou de indivíduos (retomando as idéias de DaMatta); e aquela que separa "a vida" e a escola, analisada por Bernard Charlot.

Neste estudo, observamos entre os jovens conflitos entre passado e futuro, independência e preservação das tradições. Na atividade "ficha do futuro", grande parte dos alunos não se vê morando nessa cidade daqui a 10 anos e muito poucos apresentaram interesse em exercer profissões ligadas especificamente ao contexto rural (sejam elas atividades agropecuárias, turísticas ou outras). Como contraponto, a ênfase dada aos aspectos morais e à manutenção de padrões de comportamento aponta para a manutenção das tradições, dos ritos, do modo de viver locais. Assim, se muitos jovens esboçam para si um projeto de independência e de singularização que demandaria uma ruptura, também convivem com um desejo de reproduzir o conhecido, o modo de viver local, a visão de mundo de seus pais e da comunidade.

Na roça, a passagem da infância/adolescência para o mundo adulto é feita de modo gradativo, marcada por pequenos afazeres domésticos que vão se incorporando à vida dos jovens. É lidando com os animais, com a horta, com as tarefas da casa, com a compra na venda que as crianças e os jovens cumprem suas funções no mundo familiar e, ao mesmo tempo, vão ganhando autonomia em relação a ele. No caso das sociedades rurais, a idéia da adolescência como moratória desenvolvida por Calligaris (2000), parece bastante atenuada, pois eles são autorizados pela família (e, portanto, pela comunidade) a participar das tarefas produtivas e das atividades sociais comunitárias desde cedo. As crianças da roça não parecem se enquadrar nesse modelo de "adultos em miniatura" da modernidade (Lajonquière, 1999, p. 97). Embora muitos pais digam que não conseguem educar seus filhos com o mesmo rigor com que foram educados, pois estamos em outros tempos, essas crianças talvez possuam mais deveres (escolares, domésticos, religiosos) que direitos, e, ao cumprirem-nos, ocupam uma função social muito importante.

Tais deveres e tarefas, que podem significar momentos de passagem de um tempo da vida a outro, parecem se aproximar daquelas ressaltadas por DaMatta que marcam espaços de transição entre o universo de pessoas para o de indivíduos: a entrada na escola, a comemoração dos sacramentos, a participação em atividades comunitárias, as formaturas, a colheita, etc. Mas, além de zonas de passagem, existem zonas de conflitos.

Nessas comunidades e no atual momento em que os jovens ultrapassam a escolaridade dos pais, a escola e seus saberes podem significar tanto uma ruptura entre o modo de vida familiar e extrafamiliar, como podem significar uma continuidade em alternância, isto é, quando há integração (ou, *intersignificação*) entre diferentes universos (CHARLOT, 2001, p. 150). Se há ruptura, ela corre o risco de provocar um desenraizamento e uma impossibilidade de avançar rumo a destinos outros sem a "benção da família". Ainda, segundo o autor francês, essa seria a lógica da *ruptura sem continuidade*, ou seja, quando a escola e a vida concorrem, é preciso escolher entre uma ou outra. Aqui, o sujeito se vê impossibilitado de carregar a tradição da qual faz parte e com a qual tem uma dívida simbólica.

Mas pode ocorrer também que essa ruptura esteja mais próxima a uma descontinuidade (*continuidade sem ruptura*, segundo Charlot), isso significaria que os alunos se submetem à escola porque acreditam que ela vai possibilitar-lhes "ser alguém". Neste caso, existe algum nível de continuidade entre a vida e a escola, embora a segunda permaneça um pouco "estrangeira". Penso aqui, como exemplo, em um conflito que parece habitar alguns jovens com quem tenho contato: o que fazer com os sacis e as assombrações que acreditam existir e os conhecimentos veiculados pela escola? A saída mais comum é a tentativa de convivência entre a tradição passada pelos avós e a ciência aprendida na escola: acreditam em sacis porque ninguém vai duvidar da palavra dos mais velhos, mas na escola dizem que isso é folclore... Ambos os conhecimentos coexistem, ainda que antagônicos. Esse é um paradoxo que permanece sem solução.

Resta ainda uma terceira hipótese, aquela em que a ruptura se aproxima a uma ultrapassagem, quando o indivíduo consegue respeitar e integrar seus diferentes conhecimentos, suas crenças e seu modo de viver àquilo que aprende na escola. Neste caso, os conhecimentos aprendidos na escola, quaisquer que sejam, são apropriados pelos jovens (e às vezes pela sua família), retrabalhados, contextualizados. Segue um exemplo real: um jovem aprende na escola que o excesso de sol pode causar câncer de pele. Como o pai é trabalhador rural, fica preocupado. A mãe solicita mais informações à patroa e, ao saber que existe algo que se chama "protetor solar", diz que vai comprar para seu marido. Esse exemplo corriqueiro mostra que muito do que se aprende na escola é integrado à vida, ao cotidiano e passa a modificá-lo. Nessa situação, os jovens podem saber mais que seus pais, podem ultrapassá-los porque são por eles autorizados, e isso não significa uma ruptura com os laços de origem; o respeito ao saber local se mantém, os saberes são cruzados, transformados, reapropriados.

Enfim, a análise até aqui desenvolvida aponta para a existência de várias lógicas simultâneas com as quais as crianças e os jovens de comunidades rurais convivem e de zonas de passagem ou de conflito entre esses universos. As zonas de passagem parecem ser necessárias para que os diferentes saberes que transitam nessas localidades sejam validados, respeitados, apropriados e significados pelos jovens – na vida e na escola. E qual o papel da escola nesse contexto? A tarefa parece não ser simples. Se ela dá as costas às características/demandas/particularidades de seu público (algo freqüente), não encontra interlocução; as crianças e os jovens podem ficar à margem do que ocorre na escola, embora participem das atividades e até tenham bom desempenho. Se ela se volta excessivamente para essas demandas, pode perder sua especificidade e a "espessura simbólica" da qual necessita para funcionar. A meu ver, a escola também precisa criar zonas de passagem para que seus saberes possam, de fato, ser transmitidos e apropriados pelos alunos. Essas passagens dizem respeito ao tempo e ao espaço, e isso é o que vamos discutir a seguir.

Considerações finais

O deslocamento do olhar para uma comunidade rural como essa implicou não somente o traslado geográfico de dados ou dos pensamentos, mas a entrada em um túnel do tempo. Em alguns momentos, diante do mundo rural, o pesquisador urbano vê-se envolvido com questões fortemente relacionadas à tradição, portanto, à história e à memória dos indivíduos, e por que não dizer, do Brasil. Quando um vizinho faz uma festa na qual crianças e jovens rezam de cor o terço em louvor a Nossa Senhora Aparecida; quando em uma escola rural as crianças falam de assombração e aprendem a lidar com o computador; ou quando um jovem catequista sonha em ser lavrador e dirigir uma moto, estamos diante de paradoxos temporais. O passado, o presente e o futuro se confundem ininterruptamente, a memória é viva e os sonhos de futuro abrem seu espaço num presente fortemente impregnado de tradição.

Observando algumas características da modernidade apontadas por Lajonquière (1999), especialmente as estratégias de poder-saber, podemos observar que elas não se enquadram precisamente nas sociedades rurais que guardam uma série de aspectos pré-modernos:

> À diferença dos tempos pré-modernos, perpassados por mecanismos histórico-rituais de subjetivação, assistimos no cotidiano moderno à consolidação crescente de uma série de mecanismos científico-disciplinares. Assim, o nome de família e a

> genealogia, que situam o sujeito dentro do conjunto de parentes, cedem seu lugar às medidas comparativas de performances funcionais variadas; as proezas, expressões de superioridade das forças imortalizadas nos relatos, perdem sua relevância para os desvios auferidos por metódicas observações; as cerimônias, que marcam com sua ordenação as relações de poder, são substituídas por reiteradas fiscalizações; finalmente, a dinastia dos acontecimentos solenes, que todo monumento sabe guardar para uma memória futura, perde seu poder ordenador do tempo para a dinâmica da evolução contínua de individualidades naturais. (p. 98-99)

Assim, se por um lado essas sociedades realmente conservam aspectos pré-modernos, por outro, elas não poderiam deixar de apresentar traços de modernidade. Como em outros lugares, a escola é, de fato, tencionada para o futuro, e as análises dos "balanços de saber" nos mostraram como isso ocorre. Todavia, nessas sociedades, a escola comporta, ou deveria comportar, elementos do passado pelo viés da tradição cultural de seus alunos.

No entanto, a essência da escola é o futuro, ela olha para o *vir-a-ser* dos alunos, trabalha a partir dos avanços dos conhecimentos científicos (ainda que transpostos para o trabalho didático) e, supõe-se, deve acompanhar as modernidades psicopedagógicas e afins. Como a cultura rural não é valorizada por todo o Brasil (os rodeios nos moldes de Barretos são caricaturas de um mundo rural estrangeiro); como a memória e a tradição têm sido, aos poucos, banidas da escola; como o rural está associado ao atraso e não ao progresso, a escola não faz senão responder a esse projeto maior de desenvolvimento, de ordem e de performances modernos. Assim, são muito tímidas as iniciativas que dão relevância à cultura local, à tradição ou o trabalho do homem do campo.

Neste Brasil heterogêneo e multifacetado, existe mais de um terço da população para quem o conteúdo da novela das oito da Globo é muitas vezes incompreensível; o contato com os livros, uma ficção; um cinema, um shopping, ou uma mera escada rolante são inimagináveis; enfim, a idéia de progresso não é unânime. Todavia, tudo acontece como se o Brasil fosse essa modernidade urbana, mais ainda, aquela do Sudeste, que é tida como um modelo para o restante do País. Desse modo, é compreensível que nenhum jovem entrevistado pense em permanecer na roça, tanto seu modo de vida não é valorizado, como ele desconhece as inúmeras possibilidades existentes hoje de prosperar no campo.

Não quero com isso dizer que os currículos hoje PCNzados devam se voltar ao particular e deixar de lado a cultura universal, muito pelo contrário.

Do meu ponto de vista, a escola deveria garantir a tradição da lei através do adensamento de sua própria cultura, e esses currículos e projetos de escola tão incensados deveriam afiançar zonas de transição entre o passado, o presente e o futuro, assim como entre diferentes realidades geográficas e culturais. Como diz Lajonquière (1999), para sair do atoleiro moderno de pretender viver no futuro, seria necessário ir pela contramão, isto é, "fazer referência ao passado. Qualquer pequeno gesto nesse sentido, por um lado não nos levaria de volta para o passado e, por outro, diminuiria a necessidade adulta de segurar-se de forma louca na ilusão da criança-esperança (p. 101)".

Por todas essas razões, as principais conclusões deste trabalho podem ser resumidas em alguns alertas. Primeiramente, há que se ter muito cuidado para interpretar, analisar ou intervir em uma realidade que não é a nossa. Isso não significa adotar uma posição "protecionista" em relação ao campo estudado, mas fazer uma *leitura em positivo*[16], isto é, procurar analisar o que essa realidade tem e não o que lhe falta. É preciso grande cautela no manejo de conceitos teóricos de que se dispõe. No caso de comunidades tradicionais como as rurais, as coisas nem sempre são o que parecem, ou o que se presume ser. Caso contrário, diante desse universo "estrangeiro", corre-se o risco de ver "sujeitos fora do lugar" porque esses indivíduos que nos falam talvez não correspondam aos sujeitos da modernidade com os quais as ciências psicológicas trabalham[17]. De algum modo, é como a se as ciências também estivessem um pouco *fora do lugar*.

Um segundo alerta poderia ser dado à escola, ou de modo mais amplo, às políticas públicas na área da educação, notadamente nas zonas rurais. Parece haver um grande desconhecimento (ou será um desentendimento?) das escolas em relação ao público com que lida, e, quanto mais subimos na hierarquia educacional, maior parece ser a ignorância. Mas há também pontos cegos no âmbito das secretarias municipais que, muitas vezes, não

---

[16] "Praticar uma leitura positiva é prestar atenção também ao que as pessoas fazem, conseguem, têm e são, e não somente àquilo em que elas falham e às suas carências. [...] Praticar uma leitura positiva não é apenas, nem fundamentalmente, perceber os conhecimentos adquiridos ao lado das carências, é ler de outra maneira o que é lido como falta pela leitura negativa" (CHARLOT, 2000, p. 30). Apesar de a tradução ter utilizado o termo *leitura positiva*, prefiro o termo *leitura em positivo*, que acredito ser mais condizente com o significado pretendido pelo autor, além de ser menos valorativo, ainda que ele próprio afirme que pode existir um componente otimista nesse procedimento.

[17] Remeto o leitor para o relatório final de pesquisa no qual esse tema foi discutido com maior profundidade, especialmente no que se refere ao papel da psicanálise nesse contexto (cf. LOMONACO, 2003).

compreendem seu público, não vêem quais são os reais problemas educacionais do município, fato que leva ao desenvolvimento de ações absolutamente "fora do lugar" (como optar por um trabalho de integração do corpo docente quando os índices de reprovação são assustadores; comprar programas didáticos caros e de conteúdo estrangeiro à realidade; apregoar a importância da escola, para pais completamente comprometidos com o valor dela; são incontáveis os exemplos nesse sentido).

Mas talvez o alerta principal seja para todos nós, educadores, pesquisadores e brasileiros. Não há caminho à frente a partir da recusa do passado, da negação da memória, da aceitação incondicional do moderno. Em nossas escolas do universo rural, convivem a internet e os sacis e, talvez, eles estejam fazendo estripulias nas aulas de computação, e a mula-sem-cabeça assombrando as aulas de matemática... E, mais tarde, se formos coniventes com esse estado de coisas, se mantivermos impávidos esses índices assustadores de reprovação e de baixo rendimento escolar, ao cair da noite, escutaremos o riso maroto do saci zombando de todos nós...

Referências

ABRAMOVAY, R. O futuro do rural. Entrevista. In. *Globo Rural*, n.º 215, setembro, Editora Globo, 2003.

BAUTIER, E. & ROCHEX, J-Y. *L'expérience scolaire des nouveaux lycéens*. Paris: Armand Colin, 1998.

BEILLEROT, J., BLANCHARD-LAVILLE, C., BOUILLET, A. *et al. Savoir et rapport au savoir: Elaborations théoriques et cliniques*. Paris: Ed. Universitaires, 1989.

BEILLEROT, J., BLANCHARD-LAVILLE, C., MOSCONI, N. *et al. Pour une clinique du rapport au savoir*. Paris: Harmattan, 1996.

CALLIGARIS, C. *A adolescência*. São Paulo: PubliFolha, 2000.

CENPEC. Coleção Jovens e a escola pública - V. 1 *Escutar: um ponto de encontro;* v. 2 *Olhar: uma história de lugares e vínculos;* v. 3 *Pertencer: subjetividade, socialização e saber*. São Paulo: CENPEC, 1999.

CHARLOT, B. BAUTIER E. & ROCHEX J-Y. *Ecole et savoir dans les banlieues et ailleurs*. Paris: Armand Colin, 1992.

CHARLOT, B. *Da relação com o saber: elementos para uma teoria*. Porto Alegre: Artes Médicas, 2000.

CHARLOT, B. *et al. Os jovens e o saber: perspectivas mundiais*. Porto Alegre: ArtMed, 2001.

CHARLOT, B. *Le rapport au savoir en milieu populaire*. Paris: Anthropos, 1999.

DAMATTA, R. *Carnavais, malandros e herói: para uma sociologia do dilema brasileiro*. 6. ed., Rio de Janeiro: Rocco, 1997.

FIGUEIREDO, L. C. *Modos de subjetivação no Brasil e outros escritos*. São Paulo: Escuta/EDUC, 1995.

KUPFER, M.C. *Educação para o futuro, psicanálise e educação*. São Paulo: Escuta, 2000.

LAJONQUIÈRE, L. A psicanálise e o mal-estar pedagógico. In. *Revista Brasileira de Educação*, n.° 8, p. 92-98, 1998.

LAJONQUIÈRE, L. *Infância e ilusão (psico)pedagógica*. São Paulo: Vozes, 1999.

LOMONACO, B. P. *A relação com o saber de alunos da zona rural de um município da Serra da Mantiqueira - São Paulo*. Relatório de pesquisa de pós-doutorado. São Paulo: FE-USP/FAPESP, Outubro, 2003.

LOMONACO, B. P. *Les sens, les savoirs, les saveurs: enseigner à l'école primaire*. Tese de doutorado, Universidade de Paris VIII, 1998.

ROCHEX, J-Y. *Le sens de l'expérience scolaire*. Paris: PUF, 1995.

SOUZA, M.C.C.C. de. *A escola e a memória*. Bragança Paulista: IFAN-CDAPH/Editora da Universidade São Francisco, 2000.

SOUZA, M.C.C.C. de. À sombra do fracasso escolar: a psicologia e as práticas pedagógicas. In. *Estilos da Clínica*, n° 5, São Paulo: IP-USP, 1998.

VEIGA, J. E. *Cidades imaginárias: o Brasil é menos urbano do que se calcula*. 2 ed., Campinas: Autores Associados, 2003.

Segunda parte

O sujeito e suas relações com o aprender leitura e escrita

A relação com o saber e a formação de leitores na escola

Ana Lúcia Espíndola

A preocupação quanto aos primeiros anos de escolarização tem sido, nos últimos 30 anos, constante no Brasil. Isso pode ser observado nas pesquisas acadêmicas nas quais questões relativas à alfabetização têm estado muito presentes e, ao que tudo indica, por motivos semelhantes, a dificuldade encontrada pela escola em alfabetizar todas as crianças que chegam até ela. Na tentativa de compreender a questão, várias pesquisas vinculadas especialmente às teorias reprodutivistas, em suas diferentes versões, apontaram a existência de uma correlação entre o fracasso escolar e a origem social dos alunos que fracassam (cf. Saviani, 1983).

Em se tratando do domínio da língua escrita, essa relação entre origem social e fracasso foi durante muito tempo largamente apontada e difundida (cf. Soares, 2001). Entretanto, alguns pesquisadores, tais como Charlot, Bautier e Rochex (1992), têm insistido na desmistificação do fenômeno chamado "fracasso escolar" e tentado dar um novo enfoque a essa questão, não mais centralizado apenas na relação entre fracasso e origem social, mas sim na busca do entendimento da relação das crianças de camadas populares com o saber. Para essas pesquisas, a maneira como os sujeitos aprendem pode ser vista como uma expressão dessa relação, pois aprender não tem sempre o mesmo sentido para todos os envolvidos.

Os indivíduos que aprendem não passam pelos mesmos processos e nem realizam os mesmos tipos de atividades. Segundo Charlot, Bautier & Rochex (1992), a relação que o sujeito estabelece com o saber e o sentido que ele dá ao ato de ir à escola e aprender coisas não parece ser respondida apenas pela posição social dos pais, conforme sugeriam as perspectivas reprodutivistas de análise. Ela é mais complexa do que as correlações estatísticas possam demonstrar. Neste capítulo iremos, portanto, compartilhar algumas das questões apontadas por esses autores, remetendo-as a uma pesquisa sobre a relação de crianças em processo de alfabetização com a leitura e as mobilizações em torno dessa relação a partir de seu aprendizado, principalmente, no ambiente escolar.

Noções em torno do conceito de relação com o saber

As indagações – Por que certos alunos fracassam na escola? Por que esse fracasso é mais presente nas famílias das camadas populares? Por que, por outro lado, tantas crianças oriundas das camadas populares, apesar de todas as condições adversas, conseguem obter sucesso escolar? – deram origem, segundo Charlot (2000), à formação do grupo de pesquisa Éducation, Socialisation et Collectivités Locales (ESCOL) no Departamento de Ciências da Educação da Universidade Paris 8, em 1987. Essa equipe vem, desde sua criação, investigando a realidade das escolas que cuidam do que, para nós brasileiros, corresponderia ao Ensino Fundamental, ao Ensino Médio e a escolas profissionalizantes. Tendo como interlocutoras diretas as teorias da reprodução gestadas nos anos de 1970 na França, e que apontavam para a correlação estatística direta entre fracasso escolar e origem social, as pesquisas sobre a relação do sujeito com o saber buscam um entendimento diferenciado dessa questão. Assim, embora as teorias da reprodução tenham o mérito de ter apontado em termos sociológicos a questão do fracasso escolar, que até então era tratada em termos biopsicológicos, elas não conseguem explicar os casos atípicos de sucesso de crianças oriundas das camadas populares, bem como de fracassos encontrados entre aquelas vinculadas às camadas médias. Tais casos remeteriam à questão da singularidade dos sujeitos (2000).

Para dar conta dessa singularidade, primeiramente devemos recusar a projeção sobre o indivíduo das características estabelecidas pela análise de uma categoria socioprofissional, de uma classe social ou de um grupo, já que, para Charlot, Bautier e Rochex (1992), o indivíduo é uma "síntese humana original construída em uma história" (p. 19, tradução nossa[1]). Porém, para compreender a singularidade dos sujeitos, faz-se necessário pensá-la em referência ao mundo no qual ela se construiu, pois construí-la demanda uma lógica específica que é aquela da identidade pessoal e da subjetividade, não definida apenas pela interiorização das condições sociais. Nesse sentido, entra em jogo a questão do sentido que é tomada por Charlot (2000) da seguinte forma:

---

[1] No original: "*synthèse humaine originale construite dans une histoire*".

> Tem sentido uma palavra, um enunciado, um acontecimento que possam ser postos em relação com outros em um sistema, ou em um conjunto; faz sentido para um indivíduo algo que lhe acontece e que tem relações com outras coisas de sua vida, coisas que ele já pensou, questões que já se propôs. É significante [...] o que produz inteligibilidade sobre algo, o que aclara algo no mundo. É significante [...] o que é comunicável e pode ser entendido em uma troca com outros. Em suma, o sentido é produzido por estabelecimento de relação, dentro de um sistema, ou nas relações com o mundo ou com os outros. (p. 56)

Por esse motivo, o sentido atribuído por uma criança ao fato de ela ir à escola e aprender coisas não poderá ser investigado partindo-se apenas da posição social de seus pais. De acordo com os membros da equipe ESCOL, para que uma criança obtenha sucesso na escola, é preciso, primeiramente, que ela trabalhe. Porém, o fato de empenhar-se no trabalho escolar não lhe garantirá automaticamente o sucesso. Desse modo, tal afirmação nos conduz às seguintes questões: o que faz com que um jovem trabalhe ou não na escola? O que faz que tenha ou não vontade de aprender? O que é que o mobiliza?

Consoante as explicações de Charlot (2000), para que os sujeitos aprendam, é necessário, acima de tudo, que haja uma mobilização, a qual é aqui entendida como "pôr-se em movimento". Ao contrário da idéia de motivação, a mobilização presume uma ação de dentro para fora. Assim, mobilizar-se para algo é colocar-se em movimento, engajando-se em uma determinada atividade[2]. Ainda segundo o autor francês, o conceito de mobilização, além da idéia de movimento, remete também para a de recursos e de móbil. Portanto, mobilizar é "pôr recursos em movimento" e "engajar-se em uma atividade originada por móbiles[3]" (p. 55).

---

[2] Charlot (2000) afirma que prefere utilizar o conceito de atividade ao de trabalho ou de prática tendo em vista que o primeiro, muito mais do que os outros dois, permite acentuar a questão dos móbiles. Apoiado em Leontiev, o autor ainda apresenta uma diferenciação entre móbil e meta. Assim, enquanto esta última diz respeito ao resultado alcançado por uma determinada ação, o primeiro, por sua vez, sinaliza para o desejo que esse resultado permite satisfazer.

[3] Segundo Charlot (2000), "o próprio móbile não pode ser definido senão por referência a uma atividade: a atividade é um conjunto de ações propulsionadas por um móbil e que visam a uma meta [...]. Ações são operações implementadas durante uma atividade. A meta é o resultado que essas ações permitem alcançar. O móbil, que deve ser distinguido da meta, é o desejo que esse resultado permite satisfazer e que desencadeou a atividade. Assim, um crime é um conjunto de ações que levam à morte de alguém (resultado dessas ações). A meta do crime é livrar-se de alguém que incomoda. O móbil do crime é o amor, o ódio, o desejo de ser rico ou poderoso" (p. 55).

Toda essa discussão se justifica porque o homem, enquanto ser, nasce e imediatamente vê-se diante da necessidade de aprender. Essa é uma condição primordial da existência humana. Assim, ao mesmo tempo em que aprende, o ser humano estabelece também uma relação com o saber, a qual pode ser descrita como o

> conjunto das relações que um sujeito mantém com um objeto, um "conteúdo de pensamento", uma atividade, uma relação interpessoal, um lugar, uma pessoa, uma situação, uma ocasião, uma obrigação, etc., ligados de uma certa maneira com o aprender e o saber; e, por isso mesmo, é também relação com a linguagem, relação com o tempo, relação com a ação no mundo e sobre o mundo, relação com os outros e relação consigo mesmo enquanto mais ou menos capaz de aprender tal coisa, em tal situação. (Charlot, p. 81, aspas no original)

Com base nessa definição, para que possamos compreender a questão da relação com o saber precisamos entender as histórias das pessoas como acontecimentos singulares, dando a palavra aos sujeitos a fim de que eles contem o que os mobiliza na escola e para que consideram importantes determinadas aprendizagens que são realizadas nessa instituição.

Um exemplo dessas aprendizagens é o que circunda a apropriação e a realização da atividade de leitura por crianças em processo de alfabetização. Por considerarmos a aprendizagem da leitura e da escrita como um dos conhecimentos mais marcantes nos anos iniciais do ensino, tivemos interesse em ouvir os sujeitos a respeito de seus processos de mobilização em relação à leitura, bem como sobre a importância que dão a seu aprendizado.

Para a realização do trabalho investigativo foram feitas quatro sessões[4] de observação, registradas em vídeo, em três salas do Ciclo I do Ensino Fundamental de uma Escola da Rede Estadual de Ensino de Mato Grosso do Sul. Duas dessas salas são de primeiro ano, e uma, de segundo. Além das observações, foram realizadas também entrevistas individuais com

---

[4] Chamamos de sessão cada aula gravada, as quais foram enumeradas de 1 a 4 de acordo com a professora da sala. Foram gravadas doze aulas em fitas de vídeo com duração variável entre 11 e 76 minutos, sendo quatro gravações para cada uma das três professoras acompanhadas. Cada sessão foi analisada e recortada por temas que contêm, por sua vez, diversos episódios. Os episódios foram destacados com aspas, sendo indicado no início da fala quem a proferiu. Os comentários adicionais, feitos para tornar a expressão mais compreensível, ou para descrever as atitudes de alunos e professores, foram indicados entre parênteses. Os trechos da gravação em que a fala da pessoa não foi identificada claramente foram demarcados pela palavra "incompreensível", entre parênteses.

seis crianças de cada sala, perfazendo um total de dezoito entrevistas. Como complemento final, solicitamos às crianças das três classes estudadas que escrevessem, ao final do ano letivo, uma carta à professora contando o que haviam aprendido com ela.

Analisaremos primeiramente os dados das entrevistas e das cartas em dois blocos temáticos – saberes e relação com a leitura – e posteriormente traremos as observações realizadas em classe. Na apresentação desses dados, as crianças serão nomeadas pelas três primeiras letras de seu nome para que possam ter preservadas suas identidades. Além disso, qualquer referência às três professoras regentes das salas estudadas será feita igualmente com seus nomes trocados, como forma de preservar também suas identidades; elas serão aqui chamadas de Ana Maria (professora do primeiro ano, turno matutino), Ruth (professora do segundo ano, turno matutino) e Silvia (professora do primeiro ano, período vespertino). Por fim, a escola onde a pesquisa aconteceu será chamada de Cecília Meireles como uma referência à poetisa que se tornou um ícone do modernismo brasileiro e que despertou, certamente, a paixão de muitos leitores do século XX.

Os saberes e a relação com o saber das crianças

- Os saberes

O primeiro bloco temático de nossa análise se refere aos saberes citados pelas crianças e nos auxilia a avaliar a relação epistêmica que elas estabelecem com o saber, pois, segundo Charlot (2000), quando abordamos a questão do sentido do saber em termos da natureza dessa atividade que nomeamos saber, estamos falando de relação epistêmica com o saber. Essa questão caracteriza a relação entre o indivíduo e a natureza do ato de aprender e do saber. Não está aqui em questão o lado cognitivo (como aprendemos?), mas sim o que é aprender e o que é saber. Não estamos com isso afirmando que a relação com o saber possa ser avaliada somente em sua dimensão epistêmica, já que ainda é possível haver uma dimensão identitária e social que a configura. Apontamos tão-somente que as questões colocadas pelo instrumento utilizado favorecem a análise da relação epistêmica sem que isso signifique negar que as outras dimensões da relação com o saber estejam presentes.

Ao pedirmos que as crianças escrevessem uma carta à antiga professora, contando-lhe o que haviam aprendido com ela, estávamos tentando apreender o que é aprender para essas crianças. Aprender é o quê?; É fazer o quê?; É construir que tipo de competência? Dois tipos de respostas aparecem nas produções das crianças[5]. Um primeiro tipo nos mostra que aprender é fazer, é tornar-se capaz de realizar uma atividade que antes não era possível:

> Eu aprendi o "ba", "be", "bi", "bo", "bu", o "a", "e", "i", "o", "u", e aprendi a escrever meu nome. (Isa, 5:10, aluna de Ana Maria, 1.º ano)
>
> O que eu aprendi foi tudo e também continha e até pintar e escrever. (Cle, 7:00 aluna de Sílvia, 1.º ano)

Os aprendizados citados pelas crianças, nesse caso, são aqueles relacionados com atividades como ler, escrever, falar corretamente, matemática, etc.

Tal aprendizado pode estar vinculado ao esforço pessoal para obtê-lo, bem como à passagem do tempo, que faz com que a criança cresça e se torne inteligente:

> E eu me esforcei bastante e acabei passando de ano. (Dan, 7:04, aluno de Ruth, 2º ano)
>
> Eu fazia a tarefa bem bonitinha para eu passar de ano. (Led,7:03 aluna de Sílvia, 1º ano)
>
> E foi passando os dias e eu ficava mais maior e um dia eu tirei 10 e eu fiquei inteligente. (Cle, 7:00 aluna de Sílvia, 1º ano)

É possível observar que as respostas das crianças expõem narrativas sociais construídas e que circulam em diferentes ambientes, tanto escolares como familiares: esforçar, passar de ano, fazer tarefas, tirar notas, ficar inteligente. As crianças se apropriam daqueles discursos para responder às questões propostas. Embora não tenhamos investigado como as crianças acreditam aprender determinadas competências escolares, é interessante notar a resposta de *Cle* a respeito do processo de aprendizagem, já que a passagem do tempo parece encarregar-se disso, ao contrário das outras crianças que destacam o esforço pessoal para a aquisição do aprendizado escolar. A nota não parece ser destacada como uma causa do processo de "tornar-se inteligente", e sim o contrário. A partir da nota, a criança iria sofrer algum processo de transformação qualitativa e tornar-se o que todos esperam dela na escola: inteligente.

A fala de *Cle* também não aponta para uma relação entre o estudo, o trabalho desenvolvido na escola e a nota recebida. O fato de crescer parece ser garantia da aquisição de uma determinada competência escolar. Por

---

[5] Os números logo após o nome de cada criança indicam a idade de cada uma no momento da entrevista.

outro lado, aprender pode ser entrar em novas formas relacionais, as quais são aprendidas com a professora e com a vivência escolar:

> Eu aprendi educação e a respeitar os colegas. (Cla, 7:05, aluna de Ruth, 2º ano)
>
> A tia nos ensinou a estudar e aprender. Se não estudarmos, não teremos futuro. (Lêa 7:00, aluna de Ruth, 2º ano)

A escola para esse segundo grupo cumpriu uma função que foi além da socialização dos conteúdos escolares. Ajudou-os, de alguma forma, a adquirir novas atitudes, seja diante dos colegas, através da exigência da professora que se tratassem com respeito, seja diante do próprio conhecimento, ao ensinar que o estudo cumpriria uma função em sua vida futura. Assim, podemos ver que para o primeiro grupo aprender é fazer, é tornar-se capaz de realizar uma atividade que antes não era possível, mas pode ser também, em menor freqüência, entrar em novas formas relacionais e ser capaz de controlar seu comportamento: respeitar, ser comportado, obedecer, não xingar, etc.

Como a relação com o saber tem suas raízes plantadas no social, a construção de sentido em relação à escola e ao saber tem origem nos móbiles sociais e individuais. Dada a centralidade do processo escolar em nossa sociedade, as concepções das crianças a respeito do que é aprender são também mediadas pela escola, trazendo as marcas da própria forma de ela lidar com o saber. As respostas das crianças demarcam que a escola é um espaço multifacetado onde se aprende muito mais que conteúdos escolares: aprende-se atitudes relacionais, afetivas e comportamentais, inclusive em relação ao próprio saber.

- A relação das crianças com a leitura

Ao indagarmos as crianças, durante as entrevistas, sobre a importância da leitura, as funções que ela cumpre e as realizações que permite ser efetuadas, obtivemos diferentes tipos de respostas. Pudemos identificar, em um primeiro grupo, as vinculações da leitura à possibilidade de desempenhar um papel adulto:

> Para eu trabalhar quando eu crescer, de médico. (Kle, 5:09 aluno de Ana Maria, 1º ano)
>
> Para mim ensinar. Quando eu crescer, eu quero ser professor. (Mai, 7:01, aluno de Sílvia, 1º ano)

As crianças buscam em suas experiências as vivências que têm a respeito das questões propostas. Para que serve a leitura? Para exercer alguma profissão, para ser alguém[6]. Mas que tipo de profissão utiliza-se da leitura? Quem são os atores que mais comumente usam a leitura em suas atividades? O médico e a professora, dois personagens quase sempre presentes na vida das crianças, influindo nos sonhos que constroem sobre suas futuras profissões. Todavia, a leitura pode representar também o saber e a possibilidade de acesso a ele, conforme podemos ver a seguir.

> Para ficar bem sabido, para minha mãe ficar orgulhosa de mim. (Pau, 7:00, aluno de Ruth, 2º ano)
>
> Para mim ficar inteligente e ensinar os alunos. Quando eu crescer, eu vou ser professora. (Ail, 6:02, aluna de Ana Maria, 1º ano)

Ler para esse grupo de crianças possibilita o acesso ao saber e junto com ele o prêmio por tal aquisição. Entre os prêmios mais comuns estão: ser motivo de orgulho para os pais, tornar-se inteligente e poder exercer o papel de professor. Ler é, então, tornar-se sábio para, assim, ser alguém, para desempenhar um papel que evoca respeitabilidade a ponto de se tornar, ele próprio, responsável pelo saber transmitido aos outros.

Outras crianças, no entanto, não vinculam a leitura ao fato de tornar-se inteligente e sábio, mas sim aos resultados pragmáticos que ela poderá propiciar dentro da escola.

> Porque no ano que vem, quando a gente tiver na outra sala, a gente vai saber e não vai ficar chorando na sala. (Mar, 6:07, aluno de Ana Maria, 1º ano)
>
> Para quando eu estudar lá em cima, eu vou aprender a ler; quando a professora de lá de cima, ela mandar nós escrever, eu vou lá e escrevo. (Cle, 7:00, aluno de Sílvia, 1º ano)

Essas crianças parecem remeter a leitura a possibilidades futuras dentro da própria escola, como em relação ao fato de que, no próximo ano, ler será mais necessário do que neste. Nesse sentido, a leitura será mais cobrada, e não dominá-la poderá ser motivo de castigo, como não passar de ano, por exemplo, ou mesmo do constrangimento de vir a chorar na sala. Saber ler está associado então ao sucesso escolar, à possibilidade de ser promovido e de desempenhar muito bem seu papel de aluno.

É interessante notar como a cultura escolar do fracasso e do sucesso, da promoção e da retenção se faz presente tão cedo nas falas infantis. As crianças citadas são iniciantes e estão, desde o início de sua vida escolar,

---

[6] Isso pode ser observado também nos discursos das próprias professoras aos alunos, durante os registros que fizemos em vídeo.

sob o sistema do ensino por ciclos, onde a retenção não acontece. Entretanto, falam do aprendizado da leitura como um requisito para serem promovidos de "série", o que sugere que na cultura escolar esses conceitos continuam a circular.

Algumas crianças, por sua vez, relacionam a leitura à possibilidade de exercer atividades práticas de comunicação no dia-a-dia, bem como à leitura de livros.

> Eu queria escrever muitas cartas, essas coisas assim. (Dan, 7:04 aluna de Ruth, 2º ano)
>
> Porque pode ler livrinho. (Isa, 5:10, aluna de Ana Maria, 1º ano)

Dan e Isa citam funções sociais vinculadas às práticas de leitura. Desse modo, ler pode servir tanto para alguém se comunicar de uma determinada maneira, por meio de cartas, como representar acesso aos livros, que, por sua vez, podem também proporcionar o prazer da leitura.

Conforme aponta Lerner (2002), a leitura na escola é, antes de tudo, um objeto de ensino; para se transformar também em um objeto de aprendizagem, é preciso que tenha sentido do ponto de vista do aluno, "o que significa – entre outras coisas – que deva cumprir uma função para a realização de um propósito que ele conhece e valoriza" (p. 79). Como vimos, as respostas dadas pelas crianças sobre o sentido da leitura indicam uma rede de colagens de fragmentos nos quais se entrecruzam as experiências vividas por elas, bem como os discursos presentes na sociedade sobre a leitura. Portanto, ler é sinônimo de sapiência, de possibilidades de exercer determinadas profissões, de ter acesso a livros, assim como possibilidade de estabelecer uma determinada forma de comunicação com outras pessoas.

Foi possível perceber que há quatro grupos de respostas que se destacam e se entrecruzam. Primeiramente, aquelas respostas que evocam a importância da leitura para o exercício do papel adulto, materializado no desempenho de alguma profissão futura. Assim, a leitura poderá ajudá-los a constituir-se enquanto adulto e desempenhar um determinado papel social. A importância da leitura, aqui, é remetida para o futuro e não para o tempo presente e por elas vivenciado. Para um segundo grupo, a leitura poderá desempenhar também um papel de transformação em cada sujeito, tendo em vista que, a partir dela, será conquistada uma determinada forma de inteligência. Para um terceiro grupo, poderá exercer funções mais pragmáticas dentro da própria escola, e também no futuro, servindo no presente apenas para promoção de "série". Aqui ela já não é vinculada propriamente à conquista da sapiência, e sim aos efeitos que produzirá, funcionando como um critério avaliador sobre a retenção e a promoção das crianças. Apenas para duas crianças, que constituem um quarto grupo, a leitura serve para cumprir uma função no presente, como ler livros e escrever cartas, ou seja, para inserir-se em práticas sociais de leitura que extrapolam os usos escolares.

- A mobilização das crianças

Para que a aprendizagem aconteça, faz-se necessário o desenvolvimento do processo de mobilização que ocorre quando a criança investe na atividade porque acredita que existem boas razões para fazê-la (Charlot, 2000). Por outro lado, segundo Lomonaco (1998), quando pensamos a escola, aparecem como fundamentais os sentidos da aprendizagem e do ensino. Assim, para tentarmos compreender as relações com a escola e o saber que as crianças nela estabelecem, precisamos discutir como os estudantes se mobilizam em relação às atividades desenvolvidas no cotidiano da sala de aula.

Conforme aponta Charlot (2000), mobilizar-se para uma atividade é investir nela fazendo uso de si mesmo como recurso. Contudo, tendo em vista que a mobilização é um processo interno, como poderemos identificá-lo? Nesse sentido, tentamos identificar nos trechos gravados os momentos nos quais as crianças demonstravam tal investimento nas atividades, bem como os momentos em que isso parece não se fazia presente.

Perguntamos às crianças o que gostavam de fazer na escola. Encontramos em geral algumas respostas que parecem refletir a função básica da escola: "lá se vai para estudar, para aprender, etc.", embora algumas crianças tenham dito sentirem-se atraídas pelo recreio, pelas brincadeiras e pelos colegas e não pelo trabalho escolar propriamente dito:

> Brincar na hora do recreio, lanchar. (Mai, 6:02 aluna de Sílvia, 1º Ano)
>
> Brincar assim com meus colegas, bater papo. (Pau, 7:00, professora Ruth, 2º Ano)

Outras crianças explicaram, de forma muito clara, o que gostam de fazer na escola, e parecem mobilizadas em relação ao saber, especialmente em relação à leitura.

> Ler cartilha, livro... Eu gosto mais de ler cartilha porque a gente se interessa mais nas letras que a gente aprendeu, todos os cartazes que tiver assim a gente aprende, com os livrinhos. Você troca idéia assim, com os livros. (Dan, 7:00, aluno de Ruth, 2 º ano)

> Gosto de ler, escrever e ajudar as pessoas que não terminaram. Eu gosto de ler historinha e texto. Historinha eu já li, em um dia só eu já li três. Eu gosto de historinha grande, mas que tem desenho. Aí, quando eu já terminei e ainda falta muito para terminar todo mundo, eu pego minha cartilha, aproveito e vou lendo para o teste de leitura que a tia Vil [coordenadora da escola] vai fazer. Eu gosto mais de cartilha do que de livro de história porque a cartilha. ensina mais. (Kar, 7:05, aluna de Ruth, 2º ano)

Parece-nos, então, que as crianças ouvidas sentem-se mobilizadas por motivos diferentes em relação à escola. Entretanto, como reagem às atividades propostas pela professora?

As vivências de leitura que a criança tem na escola influenciam também suas respostas. Assim, como a leitura na escola recebe um maior destaque em sua função pragmática de cumprir um papel importante para o próprio processo de escolarização, isso é destacado e apontado pelas crianças. Ao tentar compreender essas respostas, não podemos nos esquecer de duas questões importantes. Primeiramente, que a construção do desenvolvimento humano é social e as apreensões que as crianças realizam sobre qualquer questão estão em íntima relação com seu desenvolvimento em uma determinada cultura e, dessa forma, com o meio social em que vivem. Em segundo lugar, ao colocarmos tais questões para elas, múltiplas conexões se estabelecem entre os temas, criando, conforme aponta Oliveira (2002), "múltiplos fios de interligação – sons, palavras, imagens, combinações pluridimensionais de tais elementos e conformando-se em relações lógicas, analógicas, afetivas, sensoriais ou complexas de tais elementos" (p. 219). Assim, uma infinidade de fragmentos discursivos que circulam no meio cultural da criança estará interagindo com suas condições psicológicas e se fará presente em suas respostas.

Embora a relação de cada criança com o saber se inicie antes da escola, tendo em vista que o ser humano nasce e já vê posta a necessidade de aprender (e imediatamente ao aprender estabelece, também, uma relação com o saber), a instituição escolar terá um papel fundamental nessa construção do sujeito aprendiz. Da mesma forma, a maneira de levar as crianças a adentrar no mundo da leitura terá, em nossa avaliação, conseqüências sobre a relação que elas estão construindo com o saber, bem como sobre a escrita desenvolvida por elas. De tal maneira, as ações propostas para alfabetizar, o material utilizado, as situações de aprendizagem vivenciadas pelas crianças e as falas das professoras ao orientar e coordenar o processo de ensino vão compor um quadro de referências por meio do qual a relação com o saber estará sendo construída e também redimensionada.

Informações sobre a escrita fornecidas pelas professoras: observações de aulas

As informações fornecidas pelas professoras às crianças, no decorrer das aulas, podem ser classificadas em dois tipos. De um lado, aquelas informações que são fornecidas de forma direta e, de outro, as informações indiretas que podem ser captadas nas atitudes da professora durante as aulas. Como exemplo do primeiro caso, a professora Ana Maria fornece informações diretas às crianças, dizendo o que é leitura e o que devemos fazer para aprender a ler. Nas palavras da professora, "para aprender a ler é necessário juntar as letras, e só podemos ler palavras conhecidas". Além disso, segundo ela, ler é brincar de unir letrinhas. A mesma professora aponta ainda a necessidade de atenção para o aprendizado da leitura, afirmando que "quem fica olhando para fora não vai aprender a ler".

As informações indiretas sobre a língua escrita são fornecidas em diversos momentos e por diferentes atitudes das professoras. Um deles é aquele no qual as professoras consultam materiais escritos na sala de aula, mostrando uma utilidade prática da escrita como auxiliar da memória. Ruth faz isso, por exemplo, ao consultar as informações manuscritas sobre o tema que buscou em uma enciclopédia, a fim de ilustrar a aula em que iria falar sobre a lua. Sílvia, por sua vez, também o faz quando consulta seu caderno para ver os pontos do enredo das histórias manuscritas que está contando às crianças.

Entretanto, as informações veladas podem ser de cunho bastante negativo, como, por exemplo, quando as professoras não permitem às crianças explorarem a língua escrita e as diferentes formas de escrever. Ana Maria, no episódio 5 da sessão 4 abaixo, repreende as crianças que tentam escrever coisas que não são "conhecidas".

> **Episódio 5** – (Isa expressa a vontade de escrever uma quadrinha para atender ao pedido da professora de formar frases):
>
> **Professora:** – Isa, o que você quer escrever?
>
> **Isa:** (Fica em silêncio por algum tempo): – Ba... ta...
>
> **Professora** – (que estava falando com outra criança): O que você quer escrever?
>
> **Isa**: – Ba-ta-ti-nha quan-do nas-ce...
>
> **Professora**: – Mas essa daí você não vai conseguir escrever! Você tem que lembrar uma coisa que você quer escrever com letra que você conhece. O que você quer escrever?
>
> **Isa**: (Silêncio)
>
> **Professora**: – Põe aí: A Isa é boa!

Isa: (reclamando) – Ah! (faz cara de choro).

(Isa começa a copiar algumas palavras que estão afixadas na parede. A professora pega sua folha e apaga o que ela copiou).

Professora: – Não adianta copiar, Isa! Você tem que escrever palavrinhas que você sabe! Não adianta copiar do quadro sem saber o que está escrito! Escreva aí, o que que a Isa é? Isa é o que? Feia?

(Sessão 4, em 07 de novembro de 2000)

Para Lomonaco (1998), o professor é o encarregado de articular a rede de sentidos em relação ao saber e à aprendizagem das crianças. Ele precisa trabalhar os conteúdos escolares de forma que os alunos se reconheçam nele, não por serem próximos à vida, mas porque são capazes de fazer com que as crianças se engajem nas atividades aprendidas.

No episódio apresentado, Isa parece bastante empenhada na realização da atividade, mas a professora acaba por fazer o papel inverso do que deveria desempenhar. Até mesmo por conta da atitude da professora, parece ser possível observar também por parte de Isa um subterfúgio apontado por Lahire (1993), de atitudes mínimas sob forma do que o autor chamou de "práticas de resistência". Uma das manifestações dessa atitude é utilizar-se de indícios exteriores para responder a uma determinada questão que dá ao professor a ilusão de que a criança compreendeu. Isa, em um primeiro momento, parece bastante mobilizada em relação à atividade. Porém, ao sentir-se acuada por não receber ajuda da professora para escrever a frase que quer e, ao mesmo tempo, não conseguindo escrever o que a professora solicita, começa a copiar aleatoriamente algumas palavras que estão afixadas na parede. Isso pode ser entendido, portanto, como tentativa de convencer a professora de que compreendeu e de que é capaz de realizar a tarefa solicitada.

O que é possível constatar é que, por tais atitudes, as crianças são ensinadas desde cedo que no mundo da escrita não é permitido experimentar, explorar, buscar informações e aprender a partir de diversas tentativas. A escrita perde, assim, sua possibilidade de dizer coisas que sentimos e queremos expressar e passa a ser vista como algo preso a regras e normas, algo que serve para dizer coisas sem sentido, somente para cumprir uma função escolar. Além disso, essa atitude da professora tende a criar nos estudantes a imagem da criança escritora ou não-escritora.

A criança expressa um desejo de escrever algo que para ela é mais carregado de significado do que a frase que a professora sugere. Ao dificultar a ajuda à aluna, a professora contribui para uma determinada forma dessa criança se relacionar com a leitura e com a escrita. Se, como aponta a teoria sócio-histórica, elaborada a partir do trabalho de Vygotsky (2000), as crianças constroem seu aprendizado da língua escrita nas interações sociais, o papel do professor, conquanto agente mais experiente com a língua, é fundamental nesse processo de construção. Assim, ao ajudar a criança a escrever palavras que até o momento ela ainda não sabe, o professor contribui para seu processo de aprendizagem, criando Zonas de Desenvolvimento Proximal[7]. Por outro lado, quando a impede de realizar tentativas, de experimentar, ele faz com que ela perca o envolvimento com as atividades.

Durante as aulas, especialmente nos momentos de ouvir histórias, as crianças encontram-se, grande parte das vezes, concentradas, e respondem às questões que a professora coloca sobre a história. As crianças parecem investir na atividade que estão realizando, pois pensam sobre ela, trocam idéias entre si e com a professora, e respondem prontamente às questões colocadas. Estão atentas ao que é discutido no momento da aula. Assim, parece-nos que elas estão postas em movimento pela atividade sugerida, tentando alcançar, através das ações desenvolvidas, as metas propostas.

Entretanto, em muitos outros momentos, tal investimento não é percebido. O mais comum deles é as crianças se apresentarem dispersas e responderem às perguntas feitas pela professora de forma equivocada. Um dos momentos mais ilustrativos dessa desmobilização pode ser observado no diálogo entre a professora Ana Maria e Isa.

> **Episódio 06** – (As crianças estão pintando um desenho mimeografado de um índio para, posteriormente, confeccionar uma máscara. Isa não está fazendo a atividade e a professora dirige-se a ela):
>
> **Professora**: (incompreensível) – Esse tanto de atividade que você não quer fazer aí, ó... (indo para a carteira de Isa). Tá aqui, ó... Vamos fazer a atividade (incompreensível) ó, caiu da cadeira, Isa! (A professora continua falando com Isa, mas o trecho gravado está incompreensível).
>
> **Professora** (ainda pra Isa): – Então vai ficar chorando aí, ó, eu não vou pedir nada. (As outras crianças continuam pintando os desenhos mimeografados da figura de um índio).
>
> **Professora**: – Isa, a tia tá filmando você e você vai sair sentada desse jeito? Tem cabimento? Com cara de choro, ainda de

[7] Conforme apontado por Vigotsky (2000, p.112), as zonas de desenvolvimento proximal dizem respeito à "distância entre o nível de desenvolvimento real, que se costuma determinar através da solução independente de problemas, e o nível de desenvolvimento potencial, determinado através da solução de problemas sob a orientação de um adulto ou em colaboração com companheiros mais capazes".

preguiça! Oh! Isa, que é isso? (Para a sala toda): ó, eu vou lá fazer cópia de xerox de 5 menininhas e já volto, tá?

(Algumas crianças estão pintando um desenho de coelho e ovos de páscoa. Seis minutos depois a professora retorna à sala).

Professora: (novamente para Isa): – Isa, pára com isso, Isa!

Isa: – Ah! Eu queria faltar!

Professora: – Faltar? Faltar para não aprender nada?

Isa: – Eu queria faltar sim! (incompreensível).

Professora: – Eu vou chorar muito, porque quando chegar no final do ano você vai ficar sem fazer nada e eu vou ficar muito triste.

(Sessão 2, em 27 de abril de 2000)

Quando a professora sai da sala novamente, Isa diz: "Eu não sei porque eu preciso vir pra escola. A tia sabe onde eu moro, ela podia levar essas atividades pra eu fazer na minha casa!". Na fala de Isa, tanto na primeira, na qual manifesta seu desejo de faltar, como na segunda, em que afirma que a professora poderia levar a atividade para que ela fizesse em casa, fica claro o quanto a escola, naquele momento, está desprovida de sentido para ela.

O fato de a professora dizer que, se faltar, não irá aprender nada, parece não ter nenhum poder de convencimento sobre Isa, tendo em vista que, mesmo vindo à aula, ela parece considerar também não estar aprendendo nada naquele momento, ou pelo menos nada que realmente valha a pena. É interessante ressaltar aqui que Isa foi a única criança, das 18 entrevistadas, que relacionou a importância de aprender a ler para "a leitura de livrinhos". Entretanto, apesar de ver uma razão próxima para o aprendizado da leitura, não se sente mobilizada para ela nas atividades sugeridas pela professora naquele dia.

Outro momento também ilustrativo da desmobilização acontece novamente entre Isa e Ana Maria. As crianças estão completando várias atividades em uma folha mimeografada de papel sulfito. A folha é dividida em vários blocos, cada qual contendo um tipo de exercício: atividades de ligar as vogais com um traço e posteriormente reescrevê-las; copiar em letra cursiva as palavras que estão escritas em letra de imprensa; cobrir e copiar sílabas formadas por vogais. Isa rebela-se contra tal tarefa e tenta explicar para a professora suas razões.

Episódio 07 – (Isa não está fazendo a atividade; corre pela sala e Nay tenta pegá-la. Depois pega o material de Tha, que tenta impedi-la).

Professora: – Isa, o que você tá fazendo aí? (Isa volta pra seu lugar)

Professora: - Vem terminar sua atividade (incompreensível)

Isa: – Ah, isso aqui é grande, tia!

Professora: – Imagina, atividade pra poder aprender ler.

Isa: – Ó, é grandona (mostrando a folha).

Professora: – Todo mundo fez!

Isa: – Mas isso aqui é muito grande, tia, como é que eu vou conseguir fazer?

Professora: – Oh, eu acho que é só ter um pouquinho de boa vontade e você faz, você é tão inteligente!

Isa: (Ao mesmo tempo): – Como eu vou conseguir, tia, ter boa vontade (incompreensível) desse? Ó o tamanhozão disso, tia, olha ó o tamanhozão da folha (apontando com as mãos para a folha).

Professora: – Então faz pelo menos essa parte aqui de cima ó, escreve aí, vai, bem bonitinho você vai ver que a preguiça acaba.

Isa: – Minha preguiça não vai acabar não.

Professora: – Vai, lógico que vai.

Isa: – Não vai não.

Professora: – Depois do lanche, principalmente.

Isa: – Não vai.

Professora: – Ninguém fica com preguiça.

Isa: – Não vou falar (incompreensível).

Professora: – Pois é, sabe (incompreensível). De quem é essa máscara? (para a sala). (Isa continua segurando o lápis, mas sem escrever)

(Segunda sessão em 27 de abril de 2000)

Isa tenta usar seus argumentos para convencer a professora que a atividade proposta era difícil, alegando sua extensão. Mas o que ela denuncia na verdade é a falta de sentido de tais tarefas naquele momento. A professora, entretanto, prefere vincular a atitude de Isa à preguiça. Assim, para mobilizar-se em relação a uma determinada atividade e investir nela a criança precisa descobrir um sentido para ela.

Lomonaco (1998) aponta que, quando os esforços exigidos para aprender uma determinada questão são muito grandes e as perspectivas de sucesso são distantes, a mobilização corre o risco de se dissipar. Parece que isso é o que acontece com Isa no trecho citado. A relação das crianças com o aprendizado da leitura será demarcada, certamente, pelas singularidades de cada uma delas. Assim, algumas crianças adotam uma postura ativa de questionamento acerca do que é proposto na escola. Elas questionam a atividade apresentada, tentam chamar a atenção da professora para expressar seu desagrado e recusam-se a realizar a atividade. Outras, por sua vez, começam, desde cedo, a perceber a função da escrita para dizer coisas que sentem e desejam expressar. Porém, a forma como as crianças são ensinadas a ler e a escrever também será determinante nessa construção de sentidos para o aprendizado da língua escrita. Acreditamos que as respostas das crianças, quando indagadas sobre o sentido da leitura podem nos servir como guia para pensar o que a escola está fazendo com elas nesse processo.

Por isso, ao serem perguntadas sobre por que se deve ler, as crianças dizem que é para tornar-se sábio, para desempenhar um papel adulto e para obter sucesso escolar. Duas delas apontam a leitura de livros e a possibilidade de uma forma específica de comunicação. Tais respostas indicam, conforme já assinalamos, uma colagem de fragmentos de experiências por elas vivenciadas e de discursos que circulam em seu grupo cultural. As experiências vividas pelas crianças com a língua escrita são, grande parte das vezes, proporcionadas pela escola a partir das atividades vividas e das significações negociadas. Por conseguinte, suas respostas são indicativas também de uma determinada forma de a escola lidar com a língua escrita, o que leva muitas das crianças a remeter o sentido do aprendizado da leitura para o futuro.

Conforme afirma Vigotsky (2000), a aprendizagem é sempre um processo mediado pela ação do outro. As crianças, no momento de aprendizagem da língua escrita, cujo processo é mediado por todo o universo social que as cerca, aprende também formas de se relacionar com esse saber. Assim, a partir das nossas análises do material referentes às aulas, podemos afirmar que, apesar de todas as dificuldades presentes no cotidiano escolar, a aula se faz como um espaço de saber especialmente delineado por oferecer às crianças a possibilidade de busca de informações. Até mesmo em algumas questões negativas que observamos na aula parece haver a possibilidade de aprendizado.

Um exemplo que consideramos dos mais interessantes é o fato de uma das professoras se ausentar constantemente da sala e deixar as crianças sozinhas. Esse fato nos parece bastante prejudicial para o desenvolvimento do trabalho. Entretanto, algumas crianças usam esse espaço como um momento de aprendizagem, buscando informações no material escrito presente na sala, elaborado pela professora do outro período. Não estamos com isso defendendo o espontaneísmo pedagógico como forma de aprendizagem, mas sim reafirmando a importância do compromisso do professor como um dos ingredientes necessários ao sucesso escolar. Na própria contradição presente no dia-a-dia, as crianças encontram brechas para buscar conhecimentos e, logicamente, vivem tal experiência de forma diferenciada.

Do início ao final do ano letivo em que realizamos as observações, foram desenvolvidos sempre os mesmos tipos de atividades, e o fato de grande parte das crianças já serem leitoras, com uma certa competência ao final do ano, não levou as professoras a mudarem a forma de tratamento da leitura. Assim, quando começamos a realizar esta pesquisa, tínhamos uma única certeza: não queríamos fazer um trabalho sobre o que a escola não é, sobre suas faltas e carências, sobre suas falhas e seus desencontros. Não queríamos, ao mesmo tempo, criticar o trabalho docente, responsabilizando-o por todas as mazelas encontradas na escola nem procurar desmascarar suas inevitáveis contradições e problemas. Entretanto, percebemos, com o decorrer do trabalho que, embora sem ter a intenção de ressaltar aspectos negativos do dia-a-dia escolar, bem como do trabalho docente, ele apresenta problemas que tentamos analisar e compreender.

O trabalho pedagógico na escola é feito por pessoas e, portanto, passível de falhas, desencantos, desencontros e deficiências. O professor realiza suas tarefas diárias com dificuldade, até mesmo pelo fato das condições concretas de trabalho que tem. Assim, não podemos deixar de dizer que a escola, instituição responsável por introduzir formalmente as crianças ao mundo da escrita, acaba, conforme aponta Kleiman (1999), se descuidando do letramento enquanto prática social e preocupando-se em demasia com a aquisição da língua escrita como forma de sucesso e promoção escolar. Isso influencia diretamente as expectativas que as crianças apresentam a respeito do aprendizado da língua escrita e a forma como irão se relacionar com ela.

Essa concepção de letramento, ancorada no modelo autônomo, conforme apontado por Street (1984), baseia-se na idéia de que há apenas uma maneira de o letramento ser desenvolvido e que este está vinculado, de forma causal, à idéia de progresso, de civilização e mobilidade social. Nas respostas das crianças e também das professoras, isso aparece de forma bastante clara. Na visão tanto de um como de outro grupo, através da escrita poderemos ter acesso a uma vida melhor, obter um emprego, ser mais feliz, ou, se nada disso for possível, poderemos utilizá-la na escola para ensinar a outras crianças. As produções de linguagem dos alunos, tanto orais como escritas, são efeitos de uma prática que apresenta para eles mais ou menos sentido. Sendo assim, a importância do aprendizado da língua escrita e da leitura deve ser largamente discutida com as crianças de forma que fique evidenciada. Para ter sentido dentro da escola, é necessário ter claro o que fazemos com tais práticas também fora dela.

Para nós, a importância do aprendizado da leitura e da escrita vai, na mesma direção apontada por Soares (2001) em relação ao bidialetalismo, para a transformação. Essas atividades poderão desempenhar um papel importante em suas vidas, transformando-se em mais um instrumento na luta contra as desigualdades. Desse modo, não cremos ser a escrita portadora de todas as virtudes, mas sua aquisição é um direito que vem sendo sistematicamente negado às camadas populares e que precisa ser socializado.

Defendemos, ainda, que se faz necessário repensar os currículos dos cursos dos primeiros anos do ensino fundamental, a fim de apontar para a possibilidade de as duas etapas de leitura existentes hoje serem superadas. Conforme a direção apontada por Lerner (2002), evidenciar que não há diferenças entre o ato de ler e de aprender a ler, ou entre o escrever e aprender a escrever tende a contribuir para o esclarecimento "dos princípios gerais que devem reger o trabalho didático em leitura e escrita desde o primeiro dia de aula do ensino fundamental – ou da pré-escola – e ao longo de toda a escolaridade" (p. 41). De tal discussão também carecem os cursos de formação de professores, os quais necessitam igualmente planejar a construção dos professores como leitores que irão contribuir para a formação de outros leitores.

Considerações finais

Ao longo deste capítulo tivemos como objetivo discutir a leitura nos primeiros anos de escolarização, enfocando a questão da relação com o saber desenvolvida por alunos de uma escola pública da rede estadual de ensino de Mato Grosso do Sul. Buscamos compreender como as crianças entram no mundo da escrita e tornam-se leitoras. Nesse sentido, a noção de relação com o saber, adotada por Charlot e colaboradores, traz elementos importantes para a análise das questões propostas, especialmente ao apontar para a dupla dimensão desta relação: uma de cunho social e outra singular.

Essas dimensões são, no entanto, inseparáveis e complementares. Ao mesmo tempo em que a escola influencia a forma de as crianças se relacionarem com o saber, elas podem, por outro lado, dar diferentes significações para essa influência. Assim, a construção de um sentido para a escola origina-se em móbiles sociais e individuais das crianças. Paralelamente, a relação com o saber é também mediada pela escola. Ou seja, a escola tenta ajudar a criança a construir sentido para o aprendizado.

As concepções das crianças a respeito do que é aprender trazem as marcas da própria escola lidar com o saber. Embora as atividades de leitura não se revelem como algo sempre prazeroso para as crianças, pode-se observar, ao analisar os registros, uma certa mobilização em relação a esse aprendizado. É possível perceber também que o aprendizado da leitura parece estar largamente direcionado a questões futuras, tais como desempenhar um papel adulto e obter sucesso escolar nas séries posteriores. Assim, parece-nos que a relação dos alunos com a leitura é ancorada em suas utilidades futuras, não parecendo que a escola investigada consiga trabalhar com as práticas sociais atuais de leitura.

As crianças a seu modo participam, colocam questões, tentam resolver conflitos, tanto com seus pares quanto com a professora. Elas buscam informações no próprio ambiente escolar no intuito de compreender o objeto de conhecimento. Por outro lado, também questionam a forma como estão sendo apresentadas a esse saber. Isso se justifica porque, segundo Lomonaco (1998), nas salas de aula os sentidos que o professor dá ao ensinar e o sentido que o aluno dá ao aprender se entrecruzam. As professoras dão um sentido mágico ao ato de ensinar a ler e a escrever[8]; os alunos, por sua vez, dão um sentido prático, para seu futuro e seu sucesso na vida.

Parece-nos que há uma divisão clara de duas etapas em relação à leitura: primeiramente, as crianças devem, através do método silábico, dominar os mecanismos básicos de leitura para, somente após isso, começarem realmente a ter contatos com livros e outros suportes de leitura além das cartilhas. No entanto, nos dois primeiros anos de escolarização, somente a primeira etapa é cumprida. Não parece haver, por parte das professoras, a compreensão de que os dois processos podem ser desenvolvidos conjuntamente e que, ao mesmo tempo em que a criança aprende a ler pode, também, começar a ter contato com diferentes suportes de textos. A linguagem, tal como apontou Lahire (1993), é tomada como objeto de reflexão nela mesma. Isso irá, em nosso entender, influenciar a forma das crianças se apropriem desse saber e se relacionam com ele.

Buscamos demonstrar com tudo o que foi apontado até aqui que a maneira como os sujeitos se relacionam com o saber não é determinada por sua origem social, mas tem relação com ela e com a forma que eles têm de aprender. Não se pode dizer que há uma forma particular das classes populares se relacionarem com o saber e, conseqüentemente, com a leitura. Entretanto, tal forma de relação será grandemente influenciada pela escola e pela maneira do saber ser colocado. Quando pensarmos o saber como uma dádiva que é, ao mesmo tempo, algo pronto, acabado, já constituído, teremos uma forma de postura diante dele. Quando, ao contrário, o virmos como um produto dos homens em suas relações sociais – de todos os homens e não apenas de alguns –, pensaremos nele como algo que deverá ser socializado e conquistado por todos, e não como dádiva que poderá ser ofertada apenas a alguns.

A partir do fim da dicotomia entre a atividade de leitura e o ato de aprender a ler, poderemos repensar o espaço escolar como aquele no qual, mais do que aprender determinados conteúdos intelectuais – e sem negar em momento algum a importância de tal tarefa – o aprendiz pode adotar uma determinada forma de relação de saber com o mundo. Não podemos nos

---

[8] Para melhor aprofundar essa discussão, ver Espíndola (2003).

esquecer que a escrita surgiu como uma produção coletiva e para responder a necessidades historicamente colocadas. Avançar na direção da leitura, a fim de que essa possa ser vista e vivida dentro do universo escolar como prática social e não apenas como conteúdo escolarizável e escolarizado, irá levar, cada vez mais, à superação da escola autofágica, centrada e retroalimentada por ela mesma. Embora a escola tenha avançado muito no sentido de superar tal perspectiva, ela ainda persiste. Se continuar dessa maneira, as crianças tenderão a não ver um outro sentido para o ato de ler que responda às questões do presente e que não esteja simplesmente balizado pelas promessas de um futuro distante.

Referências

CHARLOT, B. *Da relação com o saber*. Porto Alegre: Artes Médicas Sul, 2000.

CHARLOT, B.; BAUTIER, É.; ROCHEX, J. *École et savoir dans les banlieues... et ailleurs*. Paris: Armand Colin, 1992.

ESPÍNDOLA, A. L. *Entre o singular e o plural: relação com o saber e leitura nos primeiros anos de escolarização*. Tese (Doutorado) – Universidade de São Paulo, São Paulo, 2003.

KLEIMAN, Â. Modelos de letramento e as práticas de alfabetização na escola. In: KLEIMAN, Â. (Org.). *Os significados do letramento*. Campinas: Mercado das Letras, 1999. p. 15-64.

LAHIRE, B. *Culture écrite et inegalités scolaires*. Lyon: Presses Universitaires, 1993.

LERNER, D. *Ler e escrever na escola: o real, o possível e o necessário*. Porto Alegre: Artmed, 2002.

LOMONACO, B. P. *Les sens, les savoirs, les saveurs: apprendre à l'école primaire*. Thèse (Doctorat) – Université de Paris 8, 1998.

OLIVEIRA, Z. de M. R. de. *Educação Infantil: fundamentos e métodos*. São Paulo: Cortez, 2002.

SAVIANI, D. *Escola e democracia*. 16. ed. São Paulo: Cortez Editora, 1987.

SOARES, M. *Linguagem e escola: uma perspectiva social*. 17. ed. São Paulo: Ática, 2001.

STREET, B. V. *Literacy in theory and practice*. Cambridge: Cambridge University Press, 1984.

VIGOTSKY, L. S. *A formação social da mente: o desenvolvimento dos processos psicológicos superiores*. 6. ed. São Paulo: Martins Fontes, 2000.

"Aprender a ler para passar de ano": obstáculos metacognitivos e aquisição da competência*

Sylvie Delacours-Lins

Considerações iniciais

A aprendizagem da leitura tem se configurado como um tema muito relevante no campo da educação por se tratar de uma atividade fundamental ao desenvolvimento intelectual de crianças em idade escolar. Com base nessa compreensão da relevância do ato de ler, o papel cognitivo da aprendizagem inicial da leitura na vida do sujeito, as dificuldades encontradas por ele mesmo e suas representações, às vezes sem relação com a própria competência, suscitaram-nos um estudo longitudinal no município de Fortaleza – CE, concluído em meados do ano 2000. Nele, trabalhamos com 31 crianças de uma escola privada e 20 alunos[1] de escolas públicas, situadas entre o final do Jardim II (na época, elas tinham entre cinco e seis anos) e o início do 2.° ou do 3.° ano do ensino fundamental (dois anos e meio mais tarde).

O referido estudo se articulou em torno de algumas noções conceituais que se mostraram bastante produtivas para a discussão desse tema. No rol das noções articuladas, encontra-se o conceito de atividade proposto por Leontiev (1975), os aportes de Chauveau (1997), principalmente no que tange à leitura, assim como as concepções de saber e de escola discutidas por Charlot *et alii* (1992) ao estudarem alunos dos meios populares em dificuldade de aprendizagem. Em acréscimo a esses conceitos, também é possível identificar os de mobilização e de móbil, os quais permeiam a abordagem da *relação com*

* Agradecemos a atenciosa colaboração de Messias Dieb (UERN) e Júlio César Araújo (UFC) pela revisão gramatical, ortográfica e técnica deste capítulo.

[1] As crianças participaram de três entrevistas, conforme o método clínico de Jean Piaget, para que pudéssemos circunscrever sua concepção de leitura, destacando a dificuldade da tarefa, seus móbeis, objetos e operações. As competências na leitura foram igualmente avaliadas, bem como os níveis de representação da escrita, segundo os descreve Ferreiro (1993).

o saber proposta por Bernard Charlot (2000). Portanto, o objetivo deste capítulo é apresentar a análise realizada em nossa pesquisa de doutorado (Delacours-Lins, 2000), focalizando os processos de representação e de mobilização de crianças em relação à aprendizagem da leitura, a partir da clareza cognitiva, da consciência metacognitiva e das competências das crianças nessa atividade.

A atividade intelectual e os obstáculos metacognitivos

Ao formular o conceito de atividade, Leontiev (1975)[2] descreve o que ele considera ser a unidade de base para a pesquisa em Psicologia, ou seja, aquela que pode ser considerada como o único conceito que permite evitar a artificial e atravancadora dicotomia afetividade-cognição. Para ele, não existe atividade sem estar relacionada a um motivo. Por isso, as ações que tornam possível a atividade se fazem sempre sob a influência de um motivo, embora sejam também orientadas em função de um objetivo. Nesse sentido, as operações são consideradas pelo autor como os meios através dos quais se realiza uma ação.

Em contrapartida, o aprendizado da leitura tem suas funções, objetivos e regras e, por essa razão, Downing & J. Fijalkow (1991) expõem diversos postulados que dizem respeito a esse aprendizado. Entre tais postulados encontra-se o de clareza cognitiva. Para os autores, esse "é um termo técnico que representa os componentes psicológicos que o senso comum designa através de expressões como compreensão clara, pensamento claro ou apreensão do problema" (p. 16). Tal concepção nos remete à definição de Flavell (1992) sobre o saber metacognitivo, o qual tem como objeto, ou como propósito de regulação, um aspecto de alguma atividade cognitiva. Dessa maneira, o processo de aprendizagem consiste na redescoberta das funções e das regras de codificação do sistema de escrita.

Ainda de acordo com J. Fijalkow (1994), existem dois aspectos do desenvolvimento da compreensão da leitura pelas crianças que precisam ser considerados: a compreensão de seus objetivos e a de suas características. Isso se justifica porque, ao apropriar-se desses aspectos, a criança tende a atribuir sentido à referida atividade. Nessa direção, podemos também compreender a leitura como um saber a ser dominado pelas crianças.

A partir dessa compreensão, torna-se imprescindível considerar a proposição básica da teoria da *relação com o saber*, segundo a qual para que haja

---

[2] Todas as traduções de citações de obras estrangeiras são da autora.

uma atividade, o aprendiz deve mobilizar-se; e para que ele se mobilize, a situação vivida deve ter um sentido, ou seja, despertar no sujeito o desejo de se mobilizar. Portanto, ao levar em conta o aporte dessas teorias, distinguiremos também na representação da atividade de aprendizagem da leitura pelas crianças os móbeis, as operações e os objetivos dessa aprendizagem.

Detalharemos uma parte dos resultados que tendem a mostrar que crianças submetidas ou não a sérias dificuldades objetivas podem se deparar igualmente com obstáculos ligados às suas representações. Nesse sentido, chamaremos de obstáculos metacognitivos as dificuldades na aprendizagem que não são suprimidas pela simples repetição, necessitando de uma tomada de consciência por parte da criança quanto ao funcionamento da língua escrita e também quanto as suas funções. Assim, cada obstáculo estará ilustrado, a título de exemplo, por fragmentos das entrevistas.

As perguntas *por que aprender a ler?, para que serve?, quem ensina?, você lê?, o quê?, os adultos sabem ler?, eles lêem o quê?, como fazer para aprender a ler?* estão implícitas no texto. Entre parênteses, após o nome da criança, figura o nível de leitura do último ano, o que permite avaliar o impacto das concepções da aprendizagem, entre outros fatores, na competência leitora. Não poderemos detalhar aqui a determinação do nível de leitura ao final do terceiro ano. Para resumir, diremos que os não-leitores estão no nível 1 - RL (reconhecimento de algumas letras) ou 2 - DD (decifração difícil); os leitores iniciantes estão no nível 3 - SLM (saber ler mínimo) ou 4 - SLB (saber ler de base); os bons leitores no nível 5 - SL (saber ler) ou 6 - SLF (saber ler fluente)[3].

Obstáculos metacognitivos no âmbito dos móbeis

- Ausência de móbil

Jon (nível 1) não tem motivo real para aprender a ler. No primeiro ano, ele não sabe por que é preciso aprender a ler. Quando lhe perguntamos se sabe por que os adultos lêem, ele responde:

> Os adultos? Nunca vi um adulto ler [...] Meus pais não sabem ler [...] Tenho um primo de 10 anos, e uma prima Diana, ela também tem 10 anos. Eles não sabem ler. (Jon - 1)

[3] Para outros detalhes, ver Delacours-Lins (2004a, 2006).

Observamos aqui que a ausência de modelos letrados na família dificulta a construção de móbeis para o sujeito. Neste contexto, o papel da escola torna-se muito importante. O ambiente escolar é responsável, além do ensino do método e das técnicas que permitam a decodificação, pela construção de sentidos e significados capazes de mobilizar a criança.

- Móbeis estritamente escolares

Consoante às falas de Eri (1), durante os três anos da pesquisa, podemos perceber a ausência de evolução aparente em sua concepção dos móbeis de aprendizagem e das funções da leitura. Suas motivações e objetivos são exclusivamente escolares e pragmáticos.

No primeiro ano, ela acha que se deve aprender a ler

> para fazer os deveres, para fazer os exames, para desenhar no quadro [...] Para escrever sobre as folhas de papel, para fazer os nomes [...] Os adultos lêem "A", "B", "C", "D", eles lêem para colorir [...] Lêem o que trazem em suas pastas. (Eri - 1)

No segundo ano, essa mesma criança diz que

> é preciso aprender a ler para poder passar de ano, para estudar [...] Só serve para ir à escola [...] Quando eu aprender a ler, vou ler o que meu pai lê [...] Os adultos lêem, meu irmão também. Ele sabe ler o alfabeto e as letras maiúsculas.

Enfim, no último ano, sua concepção sobre a leitura ainda guarda características utilitaristas, voltadas quase que exclusivamente para dentro da própria sala de aula.

> Quando eu vou saber ler, vou ler as tarefas. E até as palavras difíceis (Eri - 1)

Nossa experiência junto às crianças nos permitiu observar a existência de uma concepção maciçamente utilitarista do aprendizado. Constatamos que questionados sobre os objetivos da aprendizagem da leitura, a resposta espontânea dos sujeitos é: "Não sei". Quando o pesquisador insiste, a resposta: "Para passar de ano" é também quase unanimidade entre os entrevistados. Isso acontece tanto na França como no Brasil, o que nos causou certo estranhamento, e suscitou nosso interesse para os aspectos metacognitivos que acompanham essa etapa da escolarização. Foi justamente uma das razões desta pesquisa (Delacours-Lins, 1995; 2000).

A partir de uma mobilização estreitamente ligada à escola, as falas das crianças permitem entrever que, quando o que se aprende na escola parece servir unicamente para a escola, o aprendiz não está muito interessado pela atividade. Além dessa falta de motivação, a criança encontra outros obstáculos ligados à sua falta de conhecimento da língua escrita e do ato de aprender.

Obstáculos metacognitivos ligados à natureza e aos objetivos da atividade

- Ausência de consciência da atividade mental

Nesse primeiro obstáculo metacognitivo ligado à natureza e aos objetivos da atividade de leitura, esta última é concebida pelas crianças entrevistadas como um resultado e não como uma aprendizagem, isto é, como um processo. Isso implica que as crianças parecem não ter consciência da necessidade de exercer uma atividade "invisível" a fim de aprender. Um exemplo dessa ocorrência pode ser visualizado nas palavras de Clo (1). No primeiro ano, ao ser perguntada sobre *o que é preciso fazer para aprender a ler? ou quais são os meios que devem ser utilizados?*, ela acha que ler é preciso para

> aprender com o lápis, fazer os exercícios e os deveres e colorir também (Clo - 1).

No segundo ano em que o acompanhamos, Clo (1) continua reduzindo a função da leitura aos exercícios escolares. Para ela, ler

> serve para fazer os deveres.

No último ano, ainda sem grandes modificações em sua concepção acerca da leitura, a aluna diz que ela

> é preciso fazer os deveres, estudar e tirar boas notas.

Diante dessa postura da criança ante a leitura, podemos dizer que o fato de ter bons resultados escolares é o que lhe permitiria o aprendizado da leitura, e não o inverso. Nesse sentido, temos uma confusão metacognitiva por parte da criança já que o sujeito não tem consciência da existência de uma atividade interior durante a aprendizagem, ou seja, ele toma o fim pelos meios.

- Atitude estritamente imitativa

Esse segundo obstáculo se caracteriza pelo fato de que a professora é vista pelos alunos como alguém a quem se deve simplesmente imitar. Assim, para aprender a ler, Dan (2), no primeiro ano, diz que

> é preciso estudar e trabalhar, não brincar [...] escreverei com lápis como ela – a professora (Dan- 2).

No segundo ano, ele continua achando que se deve

> estudar, e fazer o dever que a professora mandou e colocar as letras juntas.

No terceiro ano, esse mesmo aluno afirma que é preciso aprender a ler, porque ler se configura como uma obrigação.

> Quando tu tem que ler, aí, tu sabe ler.

Com base no que nos disse essa criança, podemos compreender que a leitura é concebida como uma atividade puramente prática, porque fazer exatamente os mesmos gestos que a professora faz garante a aprendizagem. Portanto, essa concepção nega toda atividade mental, o que dificulta a aprendizagem.

- Aparência de "bom aluno"

Um terceiro obstáculo metacognitivo que se apresenta na fala das crianças está relacionado com a própria imagem que elas têm de si. De acordo com Charlot (2000):

> [...] qualquer relação com o saber comporta também uma dimensão de identidade: aprender faz sentido por referência à história do sujeito, às suas expectativas, às suas referências, à sua concepção de vida, às suas relações com os outros, à imagem que tem de si e à que quer dar de si (p. 72).

Desse modo, as crianças estabelecem uma relação entre a aprendizagem da leitura, a imagem de si e o seu comportamento em sala de aula.

> Para aprender tem que ficar bem comportado e sem falar. (Sar - 1).

Como se pode perceber, Sar (1) expressa a interpretação escolarizada e comportamental do ato de aprender. Em outros termos, significa que somente se aprende na escola e sem intervenção do sujeito; uma atitude passiva parece suficiente para lograr êxito. Aqui não é somente a atividade mental que é negada , mas a própria mobilidade da criança. Ora, Wallon (1970, 1982) já tinha alertado os pedagogos sobre o fato de que a criança dessa idade não possui os controles necessários à inibição do movimento. Aprender a ler torna-se mais complicado do que é, porque não se consegue parar de mexer. Vemos como essa concepção dificulta a aprendizagem, acrescentando exigências inúteis para atingir a meta.

- Ligação estreita entre aprendizagem e crescimento físico

Neste quarto e último obstáculo metacognitivo em relação à natureza e aos objetivos da atividade de leitura, pode-se destacar um fato curioso no qual a criança associa a aprendizagem da leitura a uma conseqüência natural de seu desenvolvimento físico. Nesse sentido, Dil (2) pensa que simplesmente o fato de crescer possibilita a aprendizagem da leitura.

> É preciso que a gente leia, aí a gente cresce e aprende a ler. Quando eu crescer, vou aprender a ler (Dil - 2).

Isso implica que aprender a ler para as crianças é algo que vem com a maturação do corpo e, por isso, ler não tem objetivos tão claros no presente. O modelo de criança aparecendo aqui continua passivo, e o tempo que passa se constitui a única fonte de conhecimento para elas.

Obstáculos metacognitivos no âmbito das operações a realizar

De acordo com o que vimos na seção anterior, há vários obstáculos que se referem à natureza e aos objetivos da atividade de leitura. No entanto, existem outros obstáculos que observamos no âmbito das operações a serem realizadas pelas crianças a fim de se apropriarem da atividade de leitura. A emergência desses obstáculos nos dados se deu em função da sugestão de E. Fijalkow (1993, p. 84) quanto à teoria da clareza cognitiva. Ao evocar essa teoria, diz a autora, devem-se levar em conta três categorias: "reconhecimento das condutas de leitura e escrita, a compreensão das funções da escrita, o uso da linguagem técnica da leitura-escrita (letras, palavra, frase)".

Nesse mesmo sentido, Teberosky (2003) estuda a importância dos conhecimentos metalingüísticos em relação ao aprendizado da leitura e da escrita. Segundo essa autora, a concepção implícita dos professores de que os alunos conhecem a linguagem técnica nada mais é que uma ilusão pedagógica: muitas crianças não dominam termos como "página", "palavra" e mesmo "letra". Portanto, além dos obstáculos metacognitivos relacionados à natureza e aos objetivos da atividade de leitura, devemos compreender aqueles que dizem respeito aos conhecimentos técnicos e às operações que constituem a atividade.

- Imprecisão metalingüística

Entre as crianças entrevistadas, constatamos uma série de obstáculos metacognitivos que se vinculam ao caráter operatório da atividade de leitura.

O primeiro desses obstáculos remete a uma total imprecisão metalingüística quanto à terminologia. Essa imprecisão se apresenta na forma de confusões entre palavras e letras, sílabas e sons e até mesmo entre frases e textos.

> Tem uma palavra que é assim: "aonde vai o cavalo?" Eu olho os desenhos. Tem o desenho do cavalo e também um bocado de outros desenhos que aprendi a fazer [...] A gente vê ele com a carroça e tem palha em cima. [...] Meu primo começou a me ensinar, aí eu continuei [...] A primeira letra era "cavalo" [...] E eu termino e ele me ensina uma outra e eu termino de novo (Jon - 1).

Nesse exemplo, Jon (1) não conhece a linguagem que é utilizada no que concerne ao ensino da leitura. Como se pode observar, o sujeito apresenta em sua fala confusões entre frase, letra e palavra.

Outro problema encontrado por esse aluno diz respeito à pesquisa semântica. Essa última passa principalmente pela ilustração e o sujeito não parece procurar uma significação nos grafemas: a criança "olha os desenhos" e não a escrita.

- Confusão entre "leitura" e "soletração"

Um segundo obstáculo metacognitivo no âmbito das operações implica uma confusão feita pelas crianças entre a atividade de leitura e o processo de soletração. Tal confusão nos remete a algumas concepções históricas acerca do ato de ler, as quais, tal como as descrevem Chartier & Hébrard (2000), estão hoje ultrapassadas e se referem ao tempo em que se ensinava primeiro as letras, depois as sílabas e, por fim, as palavras. Nessa seqüência de operações, a atividade de ler acabava por se tornar puramente técnica.

> O mais fácil é repetir o alfabeto [...] a gente tem de pegar o caderno e fazer um monte de nome [...] A gente pega um lápis e escreve nosso nome, e de 1 até 10 [...] Depois tem que escrever mais coisas de 1 até 50. (Val - 3).

Ao responder a pergunta sobre como fazer para aprender a ler, Val (3), ainda no primeiro ano, responde que se trata de recitar o alfabeto, escrever muitas palavras e números. Assim sendo, pode-se afirmar que a criança reduz a atividade a umas operações mecânicas sem ligá-la à construção de um sentido no texto.

No segundo, esse mesmo sujeito responde:

> É dizer "B-A", "BA"! É preciso estudar muito, ler muitas coisas [...] Pego o livro leio BOCA, é assim "BO" mais "CA", é

> BOCA [...] Quando eu aprender a ler, quero ler um monte de coisas. CAVALO, PILHAS, BOCA [...] Os adultos lêem coisas difíceis [...] Então, a gente aprende a ler é pra fazer um monte de coisas difíceis. Coisas, nomes que a gente não sabe ler. (Val - 3)

Para Val (3), a leitura é soletração. Por essa razão, ela entende que os adultos quando lêem o fazem para listar palavras sem sentido.

No último ano, Val (3) reafirma o que nos disse nos dois anos anteriores, mostrando também, de maneira tautológica, que aprender a leitura é aprender a ler como uma conseqüência direta de se aprender a dizer as letras.

> ... é aprender a ler... Eu aprendi um pouco a ler, aprendendo as letras, soletrando [...]. A professora escreve as letras no quadro, foi assim que eu aprendi os sons [...] Foi minha professora quem me ensinou a ler [...]. Eu aprendi também em casa, soletrando[...]. Os adultos lêem palavras na televisão ou no quadro [...]. Meus pais lêem nomes na escola.

Com base nessas falas, podemos compreender que Val (3) enfrenta diversas confusões metacognitivas. Tais confusões se entrecruzam e nos fazem supor que, se ler é soletrar, e saber ler é ler palavras, então está justificado o porquê de nenhuma referência ter sido feita à pesquisa do sentido do enunciado. Na compreensão dessa criança, é como se tivéssemos que ler cada palavra isoladamente.

Certamente, tal concepção é fruto de uma prática de ensino baseada na repetição Dessa maneira, é compreensível que as crianças entendam a leitura como simples mecanismo. Por conseguinte, a relação com a leitura passa a se construir sem referência às histórias, contos ou brincadeiras.

- Confusão entre unidades significativas e não significativas

Um terceiro obstáculo metacognitivo quanto às operações se encontra no âmbito semântico. De acordo com o que observamos, algumas crianças acreditam que, para se apropriar da leitura, é preciso compreender a letra, a sílaba ou a palavra isoladamente. Isso se justifica na medida em que, às vezes, as crianças são orientadas pela professora a decifrar letra por letra, palavra por palavra sem antecipar ou lançar mão de hipóteses que poderiam orientar a atividade.

Vejamos, pois, o exemplo de Ric (1) no primeiro ano.

> Quando eu vou saber ler, vou saber a letra "N" e a letra "E", no livro [...]. Os adultos? Já vi eles ler as letras "N", "A" e "O" [...]. É preciso prestar atenção quando a professora ensina. [...] comecei

> aprendendo a ler os nomes, as letras "M" e "A". Principalmente o "A" (Ric - 1).

Tomando por base a fala de Ric (1), pode-se compreender que a leitura será aprendida à medida que a criança aprende a pronunciar letras. A própria criança faz referência à ação da professora que privilegia essa abordagem.

No segundo ano, Ric (1) volta a apresentar a compreensão de que, para se aprender a ler, é preciso identificar letras isoladas que não se agrupam para formar nem sílabas nem palavras

> A gente sabe que ler serve pra fazer as tarefas de casa [...]. A gente lê o alfabeto, o abecedário, o livro [...]. Os adultos lêem as letras: "A", "B", "C", "D", "E", "F", "G", "H", "I", "J". Muitas letras no caderno. [...] Eu não sei ler ainda. [...] É preciso aprender o livro do abecedário. [...] É preciso estudar. É preciso copiar as coisas do caderno, ler e escrever [...]. É preciso ler o abecedário, copiar no caderno, e ler mais.

Como se pode notar, a criança não leva em consideração as unidades significativas.

- Confusão entre leitura e memorização de todas as palavras

Um quarto e último obstáculo metacognitivo relativo às operações implica a memorização de todas as palavras como modo de apropriação da leitura. No exemplo a seguir, veremos a fala de Sar (1) que nos traz repetidamente essa concepção nos três anos em que a acompanhamos na escola.

> Eu já sei ler um pouco, aprendi CAVALO, COBRA e CARRO. E sei se é CAVALO ou BURRO. [...] Os adultos sabem ler, vi alguns que liam BARCO, PEIXE, TUBARÃO. [...] Reconheço uma palavra quando eu me concentro (Sar - 1).

Pelo que pudemos observar, ela se dedica à aprendizagem das palavras nos livros. Desse modo, não faz alusão a unidades de tamanho inferior ou superior às palavras, tais como letras ou frases ou textos e histórias.

Sar (1) nos faz inferir que o processo se dá como se ela aprendesse segundo um método global que lhe permitisse decorar todas as palavras, sendo capaz de reconhecê-las ao revê-las. Isso significa que a criança não tem consciência de que existem umas regularidades nas línguas de sistema alfabético que facilitam a leitura. Além disso, ela dispensa o trabalho de procura de significação que deveria levar em conta outra coisa para além de palavras isoladas. Por esse motivo, ela encontra dificuldades tanto na atividade de escrita quanto na de leitura.

Vemos que ela não conhece uma das bases da escrita que é a combinatória. Essa base é importante porque possibilita o auto-aprendizado da criança. Assim, desde que uma criança inicia a aprendizagem da leitura e da escrita, faz-se necessário que se lhe ensina as correspondências grafo fonéticas que lhe permitam construir a seqüência fonética no caso da leitura e grafêmica no caso da escrita.

Jef (1) situa a unidade lingüística na palavra que ele tenta ler sem método, olhando-a até reconhecê-la de modo quase mágico.

> É preciso aprender a ler lendo, palavra por palavra. Eu olho, olho as palavras até que eu reconheça – Jef (1).

Portanto, para essas crianças a leitura tem se tornado difícil devido ao fato de que, apesar de elas terem entendido que a unidade pertinente é a palavra, elas não sabem como construir a leitura da mesma. Encontramos aqui o efeito de métodos que privilegiam corretamente a unidade *palavra*, mas que deixam as crianças pensarem que ler é aprender todas as palavras do mundo!

O ensino da leitura não se reduz ao ensino do sistema de correspondências grafo fonéticas do sistema alfabético; entretanto, esse ensino metódico continua sendo a maior garantia da autonomia das crianças perante um texto que contenha palavras novas. Sem possuir tal ferramenta, os alunos progridem unicamente na medida em que são capazes de armazenar um grande número de palavras, o que não garante que eles se dedicam a procurar o sentido dos enunciados.

Clareza metacognitiva parcial: somente um dos componentes da atividade é claro

Para falarmos da clareza cognitiva das crianças em relação à atividade de leitura, é preciso que apreciemos os componentes dessa atividade. Nesse sentido, observamos que para muitas crianças apenas um dos componentes da atividade se mantém claro. O primeiro deles é o móbil.

- O MÓBIL É CLARO

Nas falas de Clau (4), abaixo, veremos que ele tem um móbil poderoso, mas não tem clareza cognitiva acerca das funções de leitura, da natureza da atividade e das técnicas a serem utilizadas para aprender. Assim sendo, ainda no primeiro ano, a criança nos diz que

> A gente aprende a ler por aprender, para fazer as vogais, para cercar as vogais. [...] Vou fazer "AR" e fazer "ER". Já sei ler: "A", "B", "C", "D", "E", "F", "G", "H", "I", "J", "L", "M", "N", "O", "P". [...] Para aprender a ler á preciso fazer "A", "B", "C", "D", "E", "F", "G", e também "1", "2", "3", "4". [...] E a data do ano. É só [...] Quando eu crescer, vou ganhar dinheiro, vou comprar um saco de arroz pra minha vó. (Clau - 4)

De acordo com essas afirmações, a mobilização da criança em relação à leitura passa pela afetividade relacionada à sua família. Desse modo, Clau (4) tende a se esforçar pelo fato de que ele pensa que se estudar poderá suprir as necessidades de sua avó.

No segundo ano, essa mesma criança reforça a clareza de seu móbil, expressando a vontade de aprender para ajudar a mesma pessoa numa inversão precoce de responsabilidades.

> A leitura serve pra quando eu crescer, eu vou ser doutor, vou ajudar minha vó. [...] Vou estudar, aprender todos os dias. [...] Meus pais, eles lêem livros, fazem coisas fáceis. (Clau - 4)

Como se pode perceber, a clareza de Clau (1) quanto aos móbeis que o impulsionam para a aprendizagem da leitura o situa tanto no âmbito da afetividade quanto no de uma projeção no futuro. Para ele, ao nos apropriarmos da leitura poderemos atingir uma situação socioeconômica melhor, embora não faça referências ao como se dará essa apropriação.

Dada a ausência de clareza também quanto à função da leitura, o sujeito, já no terceiro ano, não consegue expressar com propriedade como aprendeu a ler.

> Não sei como fiz, abri o livro e li. Primeiro aprendi "A", "E", "I", "O", "U". (Clau - 4)

Nesse sentido, a fala de Clau (4) nos sugere que a mobilização não se operacionaliza. Apesar dessa dificuldade, ele aprendeu a ler. Todos os sujeitos citados anteriormente eram não leitores, com exceção de Val, que atingia o saber ler mínimo.

- A técnica é clara

No caso que passaremos a analisar nesta seção, o segundo componente que se apresenta com clareza cognitiva é a técnica utilizada pela criança para se tornar leitora. Assim sendo, ao contrário de Clau (4), Bru (3) tem um móbil vago, assim como pouca consciência da natureza e dos objetivos da aprendizagem. Entretanto, desde o primeiro ano, essa criança expressa uma técnica eficaz.

> Ler serve pra que eu conheça as palavras [...]. Quando a gente sabe ler, a gente pode andar, é preciso estudar muito, ir à escola, fazer as tarefas [...]. Reconheço as palavras quando eu leio elas, olhando para as letras [...]. Porque elas têm um som. Foi minha mãe que me ensinou.

Como se pode notar, a clareza quanto ao modo de se aprender a ler permite que Bru (3) expresse seu método. Por isso, compensa as incertezas em relação aos outros aspectos.

Vale ressaltar ainda que para Bru (3) o aprendizado da leitura requer que se estude muito. Essa afirmação talvez tenha a ver com o fato de que é um dos primeiros alunos a aprender a ler no segundo ano, embora não tenha chegado entre os melhores leitores no terceiro ano.

> A leitura serve pra quando a gente crescer, a gente vai saber das coisas. [...] Saber ler, serve pra estudar. [...] Meus pais lêem livros grandes quando eles têm de estudar. Meu pai sabe ler palavras grandes, mas ele não gosta muito. [...] Eu gosto um pouco de ler. Livros, mas não os grandes. [...] Aprendi a ler porque ia a escola. [...] Eu lia os livros na escola. [...] Ela (a professora) explicava [...]. Minha mãe me ensinou a ler – Bru (3).

De acordo com essa fala, a criança relaciona a leitura ao ato de estudar. Nesse sentido, torna-se relevante considerar que seu sucesso depende do ensino ao qual ela tem acesso. Constatamos que Clau e Bru aprenderam a ler (Níveis 3 e 4).

Os objetivos e a natureza da atividade são claros

O terceiro componente da atividade de leitura que, em relação a sua clareza metacognitiva, se destaca dos demais está associado aos objetivos e natureza do ato de ler. Com efeito, para Cao (3), por exemplo, a técnica e os móbeis são confusos, mas os objetivos e a natureza da atividade são bastante claros.

Ainda no primeiro ano, ele diz que vai

> aprender a ler, aprendendo... fazer as coisas, fazendo. [...] A gente escreve. [...] A professora diz que é preciso escrever. Então a gente se senta em círculo. E depois vai brincar. Depois a gente volta pra roda e vai pra casa. [...] Aprender a ler serve pra crescer, para aprender a ler e escrever as coisas que a professora

> manda fazer e pra ler as estórias. [...] Também serve pra receber pelo correio o resultado dos concursos (Cao - 3).

Como podemos perceber, o objetivo da leitura se materializa na sorte de ganhar um concurso. Por esse motivo, a criança tende a visualizar na atividade de leitura uma possibilidade de reconhecimento social e de crescimento econômico.

No segundo ano, esse mesmo aluno diz que

> tem que fazer as coisas bem feitas. [...] No papel, tem que escrever nosso nome, o do nosso pai, da nossa mãe. [...] Se eu não sei o nome, tem que aprender. [...] Tem que ler e trabalhar. Só. [...] Tem que fazer as coisas que a professora pede. [...] Pra ler, tem que olhar e escutar. Pra dizer macaco, tem que dizer a primeira letra. Se tu não sabe ler, tu bota "E" e "A". Aprender a ler serve pra ler muitas coisas, até coisas que foram escritas há mil anos, pra ler os nomes das ruas também. [...] Que quando a gente vai pra faculdade, então, o professor diz: "lê isso", e se tu não sabe ler, tu não vai poder fazer o trabalho. Tem que saber os nomes, senão, tu não sabe fazer os nomes bem como é preciso.

De tais afirmações, é possível inferir que a criança conhece vários objetivos ligados à atividade. Em relação à natureza da leitura, o aluno a descreve como um aprendizado que solicita certo esforço e algumas ações variadas, como olhar, escutar e escrever. Portanto, ele apresenta certa clareza cognitiva.

No terceiro ano, Cao (3) já tem alguma consciência da existência de uma atividade interior. Para ele, aprender a ler e escrever é difícil porque é preciso pensar.

> Eu olhava as palavras, tentava ler até que eu conseguia ler as palavras. [...] Quando não consigo, peço pra mamãe e ela me ajuda. É quando tem um "H" e um "E", se diz "E". (Cao - 3).

Ao que nos parece, também tem consciência das funções recreativa, escolar, pragmática, comunicativa, social, simbólica e informativa da leitura, bem como da possibilidade de escrita que permite a aprendizagem.

Além disso, Cao (3) tem, inclusive, a consciência da função patrimonial da leitura, tal como denomina Chauveau (1997). Segundo esse autor, a leitura encontra sua função patrimonial quando o leitor tem acesso a textos pelos quais ele participa de uma cultura fundada na história. Portanto, o aluno sabe que a escrita permite uma perenização melhor, mais exata e detalhada que a transmissão oral ou icônica.

Constatamos também que esse aluno é leitor de nível 3 (Saber ler mínimo), pois, aparentemente, as dificuldades em um aspecto da consciência metacognitiva são compensadas pela clareza em outros.

Ausência de clareza e de obstáculo metacognitivos

Consoante ao que vínhamos discutindo, o nível metacognitivo de algumas crianças é de modo geral bastante vago. Percebemos, pois, que existem casos nos quais não há uma grande clarividência metacognitiva e tampouco obstáculos que impeçam a aprendizagem.

No intuito de ilustrar melhor essa reflexão, trazemos o exemplo de Deb (6). Trata-se de uma das primeiras crianças que aprendeu a ler desde o início do segundo ano.

> Quando eu crescer, vou escrever e vou estudar em uma escola à noite. [...] Quando a gente sabe ler, a gente pode ler revistas, livros e o jornal. [...] E mamãe teve um bebê. [...] Em casa todo mundo sabe ler, só não minha avó que já é velha. [...] Minha mãe sabe ler, mas ela não lê. Antes de ter neném, ela lia para eu dormir. [...] Meu pai cuida das formigas[4]. [...] Meu primo sabe ler as revistas em quadrinhos e também o livro da escola dele [...] É preciso aprender a ler escrevendo. Eu vou escrever e depois vou ler um pouco. A gente olha os livros, senão a gente não sabe ler. [...] Ler serve pra poder passar de ano. [...] Quando eu vou saber ler bem, vou ler palavras no quadro. (Deb - 6)

De modo bastante acentuado, Deb (6) se mantém num excelente nível de aprendizado da leitura durante o terceiro ano. Para ela, os móbeis, os objetivos e as técnicas são muito imprecisos, a concepção da leitura é bastante vaga, mas não há nenhum obstáculo preciso à aprendizagem.

> Em casa, eu leio o livro e meu caderno. [...] É preciso ler devagarinho, assim, de repente, a gente aprende. [...] Eu sei as letras, olhando no quadro. [...] É preciso aprender a escrever. É preciso só fazer o dever e depois ler. [...] Para quando a gente crescer, a gente ter um bom trabalho. [...] Meus pais sabem ler. [...] Os adultos lêem livros difíceis. [...] Eu gostaria de ler o livro de português. Antes, eu sabia só desenhar. [...] Já tô lendo um pouco. Aprendi a colocar as palavras juntas e ler. Quando a gente junta as palavras, forma um texto. [...] Eu sei as letras porque minha mãe me ensinou quando eu era pequena .

---

[4] Trabalha no laboratório de uma universidade.

Por meio dessa fala, podemos perceber que a concepção metacognitiva da criança ainda é imprecisa. Entretanto, ela tem, no último ano, certo conhecimento do funcionamento da escrita quando afirma que aprendeu "a colocar as palavras juntas e ler, [pois] quando a gente coloca as palavras juntas, a gente faz um texto".

Por conseguinte, torna-se bastante evidente de que a falta de clareza metacognitiva por parte de certas crianças não constitui diretamente obstáculos metacognitivos. Tal fato ocorre porque as crianças aprendem desde cedo a "driblar" as dificuldades que aparecem durante o processo de aprendizagem. Desta feita, a relação das crianças com a atividade de leitura pode ser amplamente fortalecida desde que o ensino favoreça o desenvolvimento de suas competências. Portanto, não é necessário exigir o desenvolvimento cognitivo e metacognitivo do aluno ideal que imaginamos. É preciso partir da capacidade de cada criança, acreditando que a maior parte delas tem a capacidade de aprender a ler no tempo previsto.

Considerações finais

Neste capítulo, pretendemos descrever e analisar os processos de representação e de mobilização de crianças em relação à atividade de aprendizagem da leitura, com base na clareza cognitiva, da consciência metacognitiva e das competências dos sujeitos nessa atividade. Assim sendo, as reflexões aqui empreendidas nos permitem concluir que os obstáculos metacognitivos parecem acompanhar as dificuldades de aprendizagem da leitura. Quando relacionamos o nível de leitura dos aprendizes com suas concepções, constatamos que nenhum dos alunos, sem móbeis ou com móbeis estritamente ligados à escolaridade, aprendeu a ler durante os três anos em que realizamos a pesquisa. Nesse sentido, também constatamos que todos os alunos que atingiram o melhor nível de leitura tinham algum móbil intrínseco (cf. Delacours-Lins, 2004b).

Por outro lado, os alunos não conscientes da atividade mental implicada na aprendizagem não aprenderam facilmente. Para eles, aprender dependia unicamente de uma atitude de estrita imitação ou do fato de respeitar a atitude aparente do "bom aluno", além do fator de crescimento físico.

Cabe, porém, ressaltar que uma clareza metacognitiva parcial, ou mesmo a simples ausência de obstáculo, já é suficiente para aprender. Vemos que as operações cognitivas em jogo são complexas e diversificadas. Entretanto, as crianças não se preocupam com as sutilezas das abordagens e a maioria delas consegue superar as dificuldades com a ajuda de suas professoras. Isto se justifica porque, em numerosos casos, uma remediação simples tende a ajudar o aluno em dificuldade a apropriação da leitura. Essa constatação não deixa de nos incitar a certo otimismo. Nesse sentido, é possível afirmar que os conhecimentos lingüísticos e metalingüísticos por parte do professor podem facilitar o desenvolvimento da capacidade leitora das crianças.

Sabendo que a aprendizagem da leitura provoca uma aceleração cognitiva que aumenta pouco a pouco as desigualdades entre leitores e não leitores[5], compreendemos que se torna essencial alfabetizar todas as crianças e que, para alcançar isso, é preciso conhecer as diversas representações que os aprendizes leitores têm de sua aprendizagem. Os obstáculos metacognitivos enfrentados pelas crianças de nosso estudo estão ligados às concepções que favorecem uma atitude passiva – sem participação conscientemente intelectual, a ausência de um móbil ou uma representação exclusivamente escolástica da leitura. É necessário, porém, ressaltar que não estabelecemos uma relação causal entre as dificuldades de aprendizagem e as concepções metacognitivas escolásticas, mas somente a sua coexistência, no caso da alfabetização e do letramento.

Detectamos também obstáculos metalingüísticos, especialmente entre os alunos oriundos das classes populares, os quais internalizam uma experiência sociocultural da leitura por meio de certo *habitus*[6]. Podemos considerar que o *habitus* designa a matriz de percepções, de apreciações e de ações do sujeito. As suas estruturas mentais são constituídas pela interiorização dos modelos, das opiniões e dos sentimentos representativos da identidade cultural de seu segmento social. No caso do aprendizado da leitura, entre a população brasileira menos letrada, a utilidade da leitura no ambiente escolar é bastante enfatizada, enquanto que o aspecto prazeroso da atividade não costuma ser mencionado. Assim, freqüentemente, o ato de ler não se constitui como uma atividade de lazer, o que concorre a construir uma idéia que dificulta sua aprendizagem. Para ilustrar de que modo os *habitus* provocam sentimentos e representações que podem facilitar ou dificultar a aquisição da competência, pode-se citar crianças da escola pública de uma de nossas pesquisas (Delacours-Lins, 1995) que pensam que vai ser difícil *aprender a ler* enquanto as crianças de escolas particulares pensam que *será fácil,*

---

[7] Ou seja, o efeito Matheus, segundo Stanovitch (1986).

[8] Segundo Bourdieu (1972), o *habitus* é um conjunto de "sistemas de *disposições* duradouras, estruturas estruturadas predispostas a funcionar como estruturas estruturantes, isto é, como princípio gerador e organizador das práticas e das representações que podem ser objetivamente adaptadas a seu fim, sem supor a intenção consciente dos fins e o domínio expresso das operações necessárias para atingi-los, objetivamente 'reguladas' e 'regulares' sem ser o produto da obediência a regras, e além disso, coletivamente orquestradas, sem ser o produto da ação organizadora de um regente" (p. 61).

difícil é passar no vestibular. Os alunos aprendem oscilando entre apreensão e confiança.

Entretanto, se nos voltarmos para tais obstáculos como nos sugere a Teoria da Relação com o Saber de Charlot (2000), veremos que muitas crianças em dificuldades de aprendizagem, e que não têm consciência da atividade mental de que necessita o aprendizado sistemático da escola, podem ser ajudadas a obter sucesso em seu percurso escolar. O incentivo da sociedade e da família, assim como a mediação do professor, fazem com que as crianças percebam que os saberes adquiridos no âmbito escolar também possuam grande relevância e utilidade nos ambientes extra-escolares. Deveria-se deixar claro para as crianças de que o fato de aprender a ler autoriza atividades necessárias e úteis, tanto na escola como na vida. Além de que, no caso, por exemplo da literatura infantil, dos jogos de tabuleiro e da informática, a aquisição da língua escrita abre infinitas possibilidades de atividades prazerosas e lúdicas, satisfazendo tanto a curiosidade como os desejos.

Nesse sentido, podemos confirmar, então, que a redução do ato de aprender a sua significação institucional no universo escolar está presente sobremodo nos alunos em dificuldade, como também constataram Charlot *et alii.* (1992) em seus estudos na França. Partindo dessa observação, os trabalhos sobre a relação com o saber adquirem uma importância tanto teórica como prática, na medida em que permitem perceber de que modo a formação do leitor está atrelada às próprias concepções. Nesse contexto, a escuta, a imaginação, a cultura e a empatia do professor, e de todo mediador, podem facilitar o acesso à cultura letrada das crianças que têm pouca aproximação aos bens culturais.

Referências

BERNARDIN, J. *Comment les enfants entrent dans la culture écrite.* Paris: Retz,1997.

BOURDIEU, P. *Le sens pratique.* Paris: Éditions de Minuit, 1980.

CHARLOT, B.; BAUTIER E. ; ROCHEX, J.Y. *Ecole et Savoirs dans les banlieues et ailleurs.* Paris: A. Colin, 1992.

CHARTIER, A. M. ; HÉBRARD, J. *Discours sur la lecture.* Paris: Fayard, 2000.

CHAUVEAU, G. *Comment l´enfant devient lecteur.* Paris: Retz, 1997.

DELACOURS-LINS, S. Saber ler ou não? Avaliação dos níveis de leitura dos iniciantes. In: *Anais do III Congresso de Avaliação do NAVE* (CD-ROM). Fortaleza: UFC, 2006.

DELACOURS-LINS, S. Representações da leitura no início da alfabetização. In.: CRUZ, S. H. & PETRALANDA, M. *Linguagem e Educação da Criança*. Fortaleza: Editora UFC, 2004a. p. 287-299.

DELACOURS-LINS, S. Evolução das representações e competências dos aprendizes leitores. In: *I Seminário do Núcleo de Desenvolvimento, linguagem e educação da criança* (NUDELEC). (CD-ROM). Fortaleza: UFC, 2004b.

DELACOURS-LINS, S. *Clarté cognitive et apprentissage de la lecture*: Etude longitudinale à Fortaleza, Brasil. Tese (Doutorado em Educação), Université René-Descartes, Paris V, 2000.

DELACOURS-LINS, S. *Quelles sont les représentations que se font les enfants de l´apprentissage de la lecture en France et au Brésil?* Dissertação (Mestrado em Educação), Université René-Descartes, Paris V, 1995.

DOWNING, J. & FIJALKOW, J. *Lire et raisonner*. Toulouse: Privat, 1991.

DOWNING, J. Clarté cognitive et conscience linguistique. *Dossiers de l'Éducation*. Paris: p. 31-42. 11-12, 1987.

FERREIRO, E. *Reflexões sobre alfabetização*. São Paulo: Cortez, 1993.

FIJALKOW J. L'entrée dans l'écrit. In.: VERGNAUD G. *et al. Apprentissages et didactiques, où en est-on?* Paris: Hachette, 1994.

FIJALKOW, E. Clarté cognitive en Grande Section Maternelle et lecture au cours préparatoire. In: CHAUVEAU G. *et al. L´enfant apprenti-lecteur*. Paris: INRP, L'Harmattan, 1993.

FLAVELL, J. H. Metacognition and cognitive monitoring. In: NELSON, T. O. *Metacognition*. Core Reading, Allyn and Bacon, Needham Heights, 1992.

LEONTIEV, A. *Activité, conscience et personalité*. Paris: Ed. du Progrès, 1975.

STANOVICH, K. E. Matthew effect in reading: Some consequences of individual differences in the acquisition of literacy. *Reading Research Quarterly*, 21, p. 360-406, 1986.

TEBEROSKY, A. El uso de 'nombre' como terminologia de las unidades del lenguaje. *Revista de Psicolingüística Applicata*, 3, p. 15-35, 2003.

VERGNAUD, G. *et al. Apprentissages et didactiques, où en est-on?* Paris: Hachette, 1994.

WALLON, H. *La vie mentale*. Paris: Editions Sociales, 1982.

WALLON, H. *Les origines du caractère chez l'enfant*. Paris: P.U.F, 1970.

"Pra tc c a galera vc tem q abreviar muito": o internetês e as novas relações com a escrita[*]

Júlio César Araújo

> ***Deus Thoth**: Esta arte, caro rei, tornará os egípcios mais sábios e lhes fortalecerá a memória; portanto, com a escrita inventei um grande auxiliar para a memória e a sabedoria [...]*
>
> ***Rei Tamuz**: Tal coisa tornará os homens esquecidos, pois deixarão de cultivar a memória; confiando apenas na escrita, só lembrarão de um assunto exteriormente e por meio de sinais, e não em si mesmos. Logo, tu não inventaste um auxiliar para a memória, mas apenas para recordação.*
>
> (PLATÃO, 2005, p. 119)

Considerações iniciais

A epígrafe acima mostra que as posições valorativas ante a escrita não são uma novidade da atualidade, pois remontam aos gregos que não eram favoráveis à invenção dessa tecnologia. Para argumentar em favor de tal posição, Platão usa uma espécie de parábola através da qual tece duras críticas à escrita. Como se pode notar, a epígrafe retrata uma parte da parábola em

[*] Versão ampliada da conferência pronunciada no I Seminário de Letramento Digital realizado pelo Programa de Pós-Graduação em Letras da UFPE, em 9 de agosto de 2007. Trabalho produzido no âmbito do projeto *Gêneros Digitais: relações entre hipertextualidade, propósitos comunicativos e ensino*, em andamento sob a minha coordenação no grupo de pesquisa HIPERGED, do Programa de Pós-Graduação em Lingüística da UFC. Agradeço ao Prof. Dr. Messias Dieb (UERN) pelas preciosas interlocuções relativas à instigante teoria da Relação com o Saber e ao Prof. Aguinaldo Souza, mestrando em Lingüística na UFPE, pelas interlocuções acerca da linguagem dos algoritmos.

que Sócrates conversa com Fedro acerca dos questionamentos que *Tamuz*, rei do Egito, faz ao *Deus Thoth*, o inventor dos caracteres da escrita. Com base na discussão entre o rei e o criador da escrita, Sócrates fala a Fedro que tal criação representa uma ameaça à corrupção da memória e, portanto, o melhor discurso é o que se inscreve na alma e se materializa na fala.

Ainda segundo Sócrates, a escrita é estéril e, além disso, sua circulação não é algo bom porque a ela podem ter acesso tanto sábios como ignorantes[1]. Nesse sentido, e pelo que se pode depreender em *Fedro*, é possível inferir que as relações que os gregos antigos desenvolveram com a escrita são atravessadas por uma espécie de *grafofobia*, ou seja, um medo de ter a memória corrompida pela invenção de *Thoth*. Por essa razão, desenvolver a ojeriza à escrita, sobretudo nos jovens gregos, seria a opção mais prudente para aqueles homens da sabedoria. Entretanto, a história nos mostra que essa rejeição não se sustentou, haja vista as sociedades terem se tornado altamente letradas, elaborando e usando, com freqüência, práticas de letramentos que foram se constituindo de modo cada vez mais complexo.

Essas considerações são relevantes à reflexão que pretendo encetar com este trabalho na medida em que, com o advento da internet, "novos Sócrates" surgem e, mais de vinte séculos depois de Platão, também manifestam suas preocupações com a escrita. Desta vez, o teor das preocupações passa ao largo de questionar a importância dessa invenção humana e foca os supostos "ataques" que ela vem sofrendo devido, principalmente, às "mutilações" feitas todos os dias por crianças e jovens (e não somente eles) que praticam a escrita em ambiente internetiano, tal como se desenha, por exemplo, no título deste capítulo. Longe de me arvorar no direito de assumir o lugar de fala de *Thoth*, neste trabalho, discuto sobre a natureza da escrita em ambiente digital, a qual tem sido chamada de *internetês*, e as relações que com ela têm sido construídas.

Adianto, pois, que, no contexto do presente trabalho, o *internetês* não será visto sob os auspícios alarmantes dos puristas e gramatiqueiros de pla[n]tão, ou seja, como uma degradação da escrita ou do uso canônico da língua, nem tampouco como outro idioma, mas apenas como uma das muitas maneiras de grafar, em nosso caso, o português. Por isso, a atividade de grafar o português na internet será analisada aqui à luz da teoria da Relação com saber. Como nessa perspectiva o saber é algo situado, minha

---

[1] Quanto a este último argumento, é interessante notar que também remonta aos gregos a crença de que os conhecimentos sobre a escrita representam uma maneira de as classes menos favorecidas conquistarem espaços importantes na engrenagem da organização social.

análise evidenciará que a atividade de escrita digital mantém estreita relação com o ambiente internetiano em que ela se realiza. Por entender o *internetês* como um saber situado, este capítulo também destacará a mobilização para o seu uso bem como analisará as figuras do aprender e os processos epistêmicos que gravitam em torno da prática de escrita na internet.

Da relação com o internetês

Ao supor que o *internetês* é uma oportunidade de estudarmos uma nova relação com a escrita, imagino que uma perspectiva produtiva para urdir essa discussão seja a da *relação com o saber*[2], a qual vem sendo desenvolvida por Bernard Charlot e por sua equipe ESCOL, da Universidade de Paris 8. A razão dessa escolha teórica se deve ao fato de que Charlot (2000, p. 30) e seus colaboradores propõem que se faça uma "leitura positiva" da atividade dos sujeitos envolvidos em diversos fenômenos sociais, como o fracasso escolar. Sobre os comportamentos e ações de tais sujeitos, as leituras negativas se limitam, comumente, a apontar apenas deficiências, carências, lacunas [...], enquanto que uma leitura positiva se pergunta "o que está ocorrendo" com eles no momento presente de sua história.

Diante disso, não é descabido afirmar que os puristas tendam a fazer uma leitura sempre negativa dos usos da escrita em *chats*, *e-foruns* e em outros gêneros digitais. Eles alegam que se já há um "fracasso escolar" relativo à aprendizagem da escrita daqueles que ainda não usam a internet, imagine-se como ficará essa aprendizagem após tais sujeitos se deixarem "contaminar" por essa escrita mutilada. Com base na abordagem da *relação com o saber*, pode-se sugerir que, para além de uma mera leitura negativa desses usos da escrita, é preciso se perguntar "o que está acontecendo" nesse espaço de relações humanas que é a internet.

Nessa direção, Marcuschi (2001, p. 18) parece mostrar uma boa resposta dizendo que uma nova relação com a escrita está em curso e que necessita de ser amplamente estudada. Embora o autor não se aprofunde nessa questão, nem tampouco se filie à perspectiva da relação com o saber, ele não deixa de explicar que a escrita utilizada nos *chats*, por exemplo, é tão peculiar que

---

[2] Tal como as questões sobre escrita, "a *questão* da relação com o saber não é nova. Poder-se-ia mesmo sustentar que ela atravessa a história da filosofia clássica, pelo menos até Hegel. Foi apresentada por Sócrates quando este disse *Conhece-te a ti mesmo*; é a questão do debate entre Platão e os sofistas; está no âmago da *dúvida metódica* de Descartes e do *cogito* que vem em seguida; está muito presente na *Fenomenologia do Espírito* de Hegel" (CHARLOT, 2005, p. 35).

até mesmo uma designação própria foi criada pelos *chatters*[3] para o ato de conversar por meio do computador: *teclar*. Isso ocorre, certamente, devido à tamanha consciência da novidade, e com base nessa explicação o lingüista defende que "escrever pelo computador no contexto da produção discursiva dos bate-papos [...] é uma nova forma de nos relacionarmos com a escrita". Por conseguinte, se dessas relações a escola não fizer uma leitura positiva, pela qual busque compreender a singularidade dos usos da escrita na internet, então se torna pertinente que pensemos sobre quais os tipos de relação com a escrita determinadas forças sociais desejam que as pessoas venham a construir.

Para encetar essa reflexão à luz das proposições de Charlot (2000, p. 77), vou entender a relação com a escrita como "uma forma da relação com o mundo". Assim sendo, tentarei analisar os modos de o internauta grafar o português em práticas sociointerativas da internet como elementos constitutivos da própria relação com o saber, uma vez que eles se configuram também como modos de esse sujeito se relacionar com os outros, consigo mesmo e, principalmente, com o ambiente virtual onde tais práticas de escrita são realizadas. No entanto, não quero dizer que o ambiente da Web influencie pura e simplesmente o sujeito a agir, pois estaria incorrendo em um equívoco já previsto pelo autor da teoria da relação com o saber. Nesse sentido, entenda o leitor o termo *influência* como "uma relação e, não [como] uma ação exercida pelo ambiente sobre o indivíduo", já que, consoante os postulados dessa teoria, "é em termos de relações que, efetivamente, se deve pensar, dado que o que está em jogo é um ser vivo e, mais ainda, um sujeito. Um ser vivo não está situado em um ambiente: está em relação com um meio".

A fim de melhor compreender essa relação, Charlot (2000, p. 54) elege as categorias de atividade, mobilização e sentido como imprescindíveis às pesquisas em torno da relação com o saber[4]. Segundo seus postulados, "para haver atividade, [o sujeito] deve mobilizar-se; para que se mobilize, a situação deve apresentar um significado para [ele]". À luz dessa proposição, entendo a escrita digital como uma atividade cuja apropriação tem um sentido para os internautas e, por isso, eles se mobilizam para saber utilizá-la. Sendo assim, a tese central a ser defendida neste trabalho é a de que dominar a escrita em ambiente internetiano é um saber no qual o sentido de sua apropriação passa pelo desejo dos sujeitos de se perceberem plenamente inseridos na esfera sociodiscursiva da internet.

---

3 Do inglês, significa algo como *tagarelar*, mas que está sendo ressignificado na internet com o sentido de "usuários de *chats*".

4 Para uma discussão mais profunda acerca dessas categorias, remeto o leitor aos textos de Charlot (2000, 2001), bem como às Teses de Yannakakis (1996), Lomonaco (1998) e Dieb (2007).

Da grafologia da Internet

É inegável o fato de que a escrita é uma tecnologia que tem necessidade de um suporte, e a relação entre eles constitui uma perfeita simbiose, isto é, o suporte não fica inerte quanto aos gêneros escritos nele. Com base nesse raciocínio, é possível postular que, desde as práticas letradas que se materializaram na argila, no pergaminho, chegando ao papiro e ao papel e, mais recentemente, à tela digital, a escrita sempre foi utilizada também em função de seu suporte. Esse se configura como uma entidade de interação poderosa na medida em que, aliado ao gênero que suporta, se realiza como um construto sociocognitivo elaborado pela sociedade letrada. Nesse sentido, "usar uma placa de bronze como mídia de uma lista de compras, por exemplo, seria, no mínimo, promover a banalização de determinadas práticas sociais" (ARAÚJO, 2007a, p. 42), pois a construção sociocognitiva que a sociedade elaborou acerca da placa de bronze não permite que a usemos como suporte de uma lista de compras[5].

Nessa esteira, Maingueneau (2001, p. 72) afirma que "muitas mutações sociais se manifestam através de um simples deslocamento midiológico". Ao refletir sobre esse fato relativo à grafologia da internet, percebe-se a voz de muitos Sócrates que questionam a escrita digital. No entanto, uma etnografia nos domínios discursivos da Web[6] permite compreender que os sujeitos, confrontados com as especificidades da enunciação digital e da pressa que essa experiência enunciativa exige, desenvolvem uma nova relação com a escrita porque a tela digital impõe que se repense as práticas sociais dos usos da escrita nesse suporte. Como bem discute David Crystal (2005, p. 91) em relação à natureza dessa atividade, se algumas escritas como aquelas que compõem os famosos SMS[7] "são planejadas para satisfazer as necessidades de se escrever uma mensagem economicamente em uma

---

[5] Isto não significa, porém, que a sociedade não *jogue discursivamente* com a quebra de expectativas geradas pelos suportes de escrita. Sobre isso, remeto o leitor para o trabalho de Távora (2007, p. 31) em que o autor discute uma questão, no mínimo, instigante para os estudos relativos aos gêneros. Trata-se do "fenômeno caracterizado pela evocação que um suporte x pode causar, devido ao condicionamento sócio-histórico, fazendo com que um resíduo significativo relacionado aos gêneros desse suporte x seja evocado quando se atualiza nele um gênero que não lhe é usual".

[6] Ainda que, em trabalhos anteriores (ARAÚJO, 2004), eu tenha defendido a Web como uma esfera de comunicação, no sentido bakhtiniano do termo, tenho rediscutido essa idéia com os meus orientandos, pois entendemos que a Web, na verdade, é um *hiperespaço* onde se encontram e, por vezes, se misturam as mais diversas esferas de práticas de comunicação humanas, tais como a publicidade, o jornalismo, a educação, para citar somente algumas.

[7] *Short Message System* – Um sistema de envio de mensagens curtas pelo telefone móvel.

tela que tem um limite de 160 caracteres, [então] há pouca motivação para se usar essas formas em outras situações".

Com base nessas observações, pode-se afirmar que não vale a pena subverter tais usos porque, ao ser retirado das tecnologias que lhe são próprias (a tela digital do telefone celular ou do computador), o *internetês* perde, nas palavras de Crystal, sua função *bacana* de identificação de grupo. Esse aspecto salientado pelo autor é relevante para minha reflexão na medida em que entendo o *internetês* como uma atividade de escrita que se atualiza em um determinado suporte digital. Desse modo, se a mudança de suporte pode alterar a relação do escrevente com a atividade de escrita, então posso compreender o *internetês* como um saber para o qual os sujeitos, que com ele se relacionam, constroem sentidos que justificam a mobilização para dele se apropriar.

Um desses sentidos, por exemplo, apresenta-se em relação ao desejo de o sujeito participar do grande grupo dos internautas, os quais já dominam as particularidades da atividade de escrever na internet. Nada mais compreensível, haja vista Charlot (2000, 2005) afirmar que o sentido só existe em função do desejo. Portanto, trata-se de uma nova relação, de um novo modo de grafar o idioma daquele que escreve, tendo na mobilização primordial para essa atividade o objetivo de se sentir inserido no universo digital.

– A atividade de escrita digital e a relação com o ambiente

Se pensarmos a "materialidade virtual" da escrita, flagrada na superfície da tela digital, como resultado de uma sintaxe sofisticada que caracteriza a chamada escrita algorítmica, podemos afirmar que a escrita digital vai além daquilo mostrado pela tela do computador. Ela é o produto de uma linguagem elaborada através de uma sintaxe e de uma semântica computacional, constituindo o que convencionalmente se chama de "paradigmas de linguagens computacionais" (Matuck, 2005). O que aparece em tela ao usuário final, em última análise, poderia ser classificado como uma metalinguagem. Assim sendo, a linguagem de programação, por se apoiar em uma seqüência lógica de instruções (algoritmos) utilizada pelo programador para construir *softwares*, deve suscitar igualmente novas relações com a escrita, o que por si já nos instigaria a conhecer a natureza dessa relação.

Não obstante a relevância de um estudo sobre esse tipo de relação, não é sobre ela que trato no presente trabalho, pois meu interesse se volta para aquela escrita cuja "materialidade virtual" não depende de o sujeito aprender/saber linguagem de programação. Sendo assim, o que busco compreender é a mobilização de um sujeito ao desenvolver novas relações com a escrita em situações corriqueiras de comunicação, tais como as vivenciadas em *chats*, fóruns, *scraps* do *Orkut* sem conhecer a linguagem algorítmica, não sendo um engenheiro de *software*, nem um programador ou *web designer*. Nesse sentido, as palavras de Marcuschi (2001, p. 64) são instigantes quando indicam o fato de que a escrita

> não é uma espécie de representação da fala, pois há na fala muito mais do que aquilo que os sinais gráficos (em especial o alfabeto) podem expressar. A escrita vai além da representação alfabética e se serve de uma enorme quantidade de outros elementos representacionais o que nos conduz ao letramento [...] de igual modo, não se pode reduzir a oralidade ao som [...] há muito mais do que som na fala.

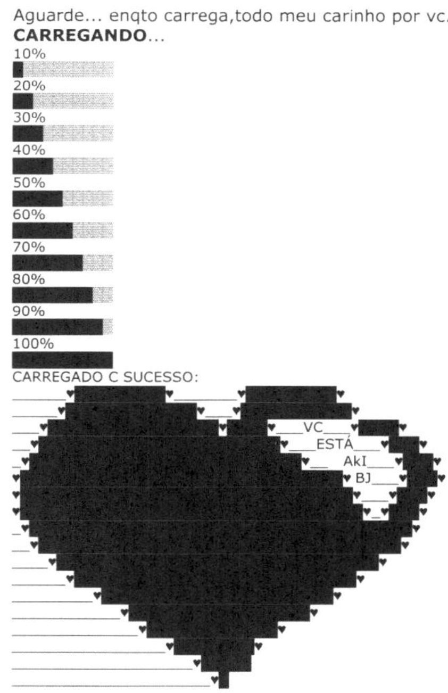

À luz dessa reflexão, eu poderia parafrasear as palavras do lingüista para dizer que a escrita digital não é mera representação da linguagem algorítmica, pois há muito mais no uso da escrita digital do que a linguagem de programação pode expressar.

Na verdade, os escreventes, confrontados com a experiência de enunciação digital, servem-se de elementos pragmáticos e semânticos que simplesmente não podem ser previstos pelo programador. É nesse sentido, conforme mencionei acima, que é impossível pura e simplesmente dizer que há uma mera influência do meio sobre o sujeito escrevente, pois isso negaria o lugar de sujeito de discurso que o internauta assume em suas atividades interativas. E é, sem dúvidas, na condição de sujeito que o internauta participa de uma teia intricada de relações sociodiscursivas ao fazer uso da escrita digital.

Assim, ao mesmo tempo em que o sujeito navegador se encontra em relação com o ambiente internetiano, ele precisa arregimentar e manter relações com os outros sujeitos que também estão no mesmo ambiente. Além dessas, o internauta mantém relações consigo mesmo e com uma escrita que lhe exige um nível sofisticado de letramento digital para compreender seus pares e se fazer entender por eles. É nessa teia de relações que ele se constrói como sujeito e que a escrita digital se manifesta como atividade, desenvolvendo-se à luz da criatividade dos internautas, conforme mostra a ilustração acima.

A figura é uma boa ilustração para mostrar como os internautas operam com a escrita nos famosos *scraps* do *Orkut*, uma das inúmeras situações de comunicação humana na internet. A tentativa de imitar a abertura de um programa executável corrobora o que afirmei acima sobre a criatividade desses sujeitos que, ao fazer uso da escrita, mesclam elementos alfanuméricos com diacríticos para expressar sentimentos de amor e de saudade. Naturalmente, a materialidade escrita dessas expressões humanas não pode ser determinada pela linguagem lógica dos algoritmos e, por isso, os internautas apelam para aspectos pragmáticos. Assim, o uso da escrita no exemplo em tela é sofisticado, pois o sujeito escrevente não só conseguiu reunir um conjunto harmonioso de caracteres alfanuméricos como também lhes deu forma de uma figura que simula os níveis de carregamento de um possível *arquivo do tipo exe*[8].

Esse tipo de uso da escrita explicita que o *internetês* também assume uma dimensão estética muito acentuada. Mesclam-se com ela algumas abreviações, tais como *enqto, c, vc, aki* e *bj* diante das quais é importante focalizar que a escrita digital possui características próprias e, por isso, distancia-se da forma canônica em função do novo suporte e da necessidade de aproximar a escrita da fala. Isso significa que a relação que o internauta desenvolve com o ambiente digital se desemboca em uma relação estética com a escrita, pois a reunião dos caracteres, além de sugerir passo a passo a abertura de um *arquivo exe*, forma também a imagem de um coração. Essa análise mostra que os suportes de escrita deram-lhe um alcance sem precedentes no contexto da história humana. Nesse sentido, a cada mudança de suporte o homem se viu "obrigado" a construir novas relações com a escrita, e suas práticas engendraram novos saberes. No caso do *internetês*, os sujeitos, ao se relacionarem com o ambiente, mobilizam-se para pôr em cena o seu projeto de dizer de modo que seja adequado ao domínio sociodiscursivo da internet.

– Da mobilização para o uso do internetês

De acordo com Elisabeth Bautier (neste livro), as formas existentes de linguagem não são desconectadas das relações que elas engendram.

---

[8] A sigla *exe* é uma abreviação da expressão *executável*. Tal abreviação é usada no léxico da informática para se referir a um arquivo que contém um programa computacional executável em sistemas operacionais como o *Windows*, por exemplo.

Segundo a autora, isso acontece porque os diversos elementos lingüístico-pragmáticos que conspiram em favor do funcionamento da linguagem são constitutivos das relações sociais. Sendo assim, para cada uma das atividades sociodiscursivas que o sujeito deseja participar vão existir mobilizações que as justifiquem. Conforme havia anunciado, inclusive no título do trabalho, uma dessas mobilizações que o *internetês* conquanto atividade suscita é atravessada essencialmente pelo desejo de pertença à grande comunidade dos internautas.

Um caso específico desse atravessamento foi analisado recentemente em Araújo (2007a, 2007b) quando discuti que a maneira de grafar o *nickname* no *chat* vai além de um modismo ou de um ato violador da escrita. O exemplo subseqüente ilustra essa questão.

Exemplo 1

(01:41:15) **Vå§¢å¡ñå** *grita com* NAUM: Quer ser mesmo um *tananan*???? entaum te batizo como Ø ©¡ëñt¡§t@ ja q inventou essa neura de estudar as loukuras da tchurma. pronto ta de nick novo **;)**

O exemplo 1 é um pequeno recorte de uma conversa virtual entre mim e um membro da comunidade discursiva dos *Tananans*[9]. Esse recorte captura um momento em que o grupo que eu pesquisava venceu o estranhamento que a minha presença na sala de *chat* causava em sua "aldeia". A expressão "te batizo", usada por minha interlocutora, além de lembrar o ritual de entrada do novo cristão na Igreja, demonstra a importância da escrita que materializa o apelido daqueles que desejam ingressar no grupo dos *Tananans*, pois não bastava apenas a troca de nomes, era necessário observar a maneira de grafar o novo nome. A atividade de seqüenciar caracteres "estranhos" para escrever os apelidos sobrepuja os limites da sinalidade das letras e de outros caracteres, pois o conjunto deles ascende ao *status* de signo pela ressignificação lúdica que essa atividade sofre, tal como também ilustra o exemplo abaixo.

Exemplo 2

(19:04:51) ***=*£indaÄgnes** *grita com* *_*: Pra tc c a galera vc tem q abreviar_muito, Ter um nick vestidinho. Aprenda o dicionrio ou caia fora.

---

[9] Os *Tananans* são um grupo de amigos virtuais que se "reúnem" diariamente em uma única sala de *chat* do provedor UOL: a sala 01 de Fortaleza, disponibilizada dentro da categoria "cidades e regiões". Tenho estudado esse grupo como uma *comunidade discursiva*, conceito que faz referência a uma das categorias elaboradas pelo lingüista Swales (1990) para o estudo de gêneros numa perspectiva sócio-retórica.

No exemplo dado, mais uma vez é possível perceber que o móbil para escrever o *internetês* se relaciona com o fato de pertencer ao grupo dos internautas. O trecho acima mostra algumas características dessa variedade lingüística, tais como saber escrever/ler o sentido das abreviações (tc = teclar / vc = você) e saber criar um *nick* a partir da ressignificação dos caracteres de escrita. Tais características realçam a importância da escrita para aqueles que pertencem ou desejam pertencer a um grupo virtual. Assim, o móbil de pertencer ao grande grupo dos *chatters* passa pela relação estética e estilística, no sentido bakhtiniano, com a escrita, já que, além de "abreviar muito", é preciso "ter um nick vestidinho". Isso implica, portanto, saber estilizar o apelido que o identifica, a partir da união de caracteres cuja semelhança com as conhecidas letras do alfabeto tende a motivar sua ressignificação pelos internautas.

Como mostram Araújo e Biasi-Rodrigues (2007) e Araújo (2007b), ao analisarem a escrita dos *chats*, longe de ser uma aberração ortográfica, as abreviações e as opções de vestimenta para os *nicks* representam um estilo que caracteriza algumas das práticas discursivas digitais em salas de bate-papo. Essa análise salienta a natureza da escrita digital como algo bem mais amplo do que aquilo que os sistemas alfabético e algorítmico puderam prever. O *internetês*, portanto, como qualquer outro modo de grafar a língua, ilustra como a invenção de *Thoth* complexificou as práticas humanas de interação. Para tanto, os sujeitos buscam dominar essa atividade a fim de chegar, finalmente, a um saber que os permitirá sentir-se membro dessa imensa comunidade linguageira que é a internet.

– Das figuras do aprender e seus respectivos processos epistêmicos

A análise feita acima lembra o que Charlot (2000) diz sobre o fato de ninguém aprender de maneira homogênea, pois múltiplos são os modos pelos quais o sujeito aprende. A essa diversidade de maneiras adotadas por quem deseja apropriar-se de um saber o autor chama de *figuras do aprender*. Elas se revestem, de modo diferenciado também, de uma natureza epistêmica[10], já que o *saber* se apresenta comumente na forma de um objeto intelectual e toma a figura de uma idéia ou de referente de um conteúdo de

[10] Devido a essa característica, Charlot (2000) descreve três processos epistêmicos na relação com o saber: *objetivação-denominação* (consciência acerca de uma idéia), *imbricação do Eu na situação* (atividade inscrita no corpo) e *distanciação-regulação* (domínio das relações intra e intersubjetivas). Ainda sobre os processos epistêmicos, cf. o capítulo de Lomonaco neste livro.

pensamento. Nesse sentido, é possível flagrá-lo em enunciados representativos das "formas substancializadas de uma atividade, de relações e de uma relação com o mundo" (CHARLOT, 2000, p. 63).

Com base nisso, os dados aqui em análise mostram que, para fugir à ameaça de "cair fora" do grupo dos *chatters*, os neófitos "abraçam" uma das figuras do aprender que está na base de sua relação com o saber: a apropriação de uma atividade, que em nosso caso é o *internetês*. Dado que esse novo modo de usar a escrita está eivado por regras básicas, não é de qualquer maneira que se pode escrever nos bate-papos. Assim, há normas que precisam ser conhecidas e dominadas. Seguindo essa senda, é possível observar ainda no Exemplo 2 que subjacente à expressão imperativa "aprenda o dicionário ou caia fora" não está apenas um mero conselho para que o sujeito aprenda a atividade, mas uma ameaça de exclusão, caso essa aprendizagem não se efetive.

Como se pode inferir, ao buscar a apropriação do *internetês*, o sujeito tende a expandir sua teia de relações, já que, além da relação com um ambiente que lhe exige um mínimo de letramento digital[11], ele necessita se relacionar com outras pessoas que já dominam com desenvoltura essa atividade de escrita. Isso implica um desafio a ser enfrentado pelo sujeito, sob pena de sua relação com o outro ser improdutiva do ponto de vista interacional, como bem mostra o exemplo subseqüente.

Exemplo 3

1 (22:18:12) **£!¢ Msn para mulheres**[12] *fala para* **Linda:** ei, menina isto eh um chat aberto num eh uma redacaum du kulegio naum...

2 (22:18:14) **Linda** *fala para* **£!¢ Msn para mulheres**: como é? Não entendi essa língua em que você escreveu.

3 (22:18:17) **£!¢ Msn para mulheres** *fala para* **Linda:** hahahahha o q é isso? Vixe!!!! pq acentua tudo????? Vc vai aborrecer todo mundo relaxe ae, gata

4 (22:18:20) **Linda** *fala para* **£!¢ Msn para mulheres:** Espere aí rapaz, não vim aqui assassinar o português!

5 (22:18:22) **£!¢ Msn para mulheres** *fala para* **Linda:** veio matar o chat entaum eheheheh so pode ser prof vc... é gente d+ pra tc.... tu acha q t tp pra freskura? **:-)**

---

[11] Refiro-me aqui ao domínio de ações comunicativas que são orientadas pela escrita projetada na tela do computador, além das parafernálias tecnológicas advindas dos inúmeros *softwares* que ampliam as possibilidades de interação humana em ambientes digitais. Sobre letramento digital, ver Araújo (2007c).

[12] Leia-se "*Ele msn para mulheres*".

Esse exemplo retrata bem um conflito entre dois escreventes. Um deles é, possivelmente, iniciante no uso do *chat* aberto e, por isso, ainda não conhece os contratos sociais que regem as práticas de escrita nesse gênero.

O conflito entre ambos, salvaguardando as devidas dimensões, lembra a discussão entre o rei do Egito e o Deus criador da escrita. A voz de Sócrates, por exemplo, parece ressoar nas intervenções de *Linda* cujo posicionamente diante das escolhas lingüísticas de seu interlocutor é crítico. Por sua vez, a contrapalavra de *£!¢ Msn para mulheres* revela que as acomodações ortográficas feitas em seus turnos servem ao propósito comunicativo do gênero que usa, qual seja: o de conseguir parceiros.

Há nessa postura do internauta mais experiente a presença de duas outras figuras do aprender, as quais estão implícitas em seus turnos. São elas: o uso do objeto computador conectado à internet, indispensável à prática do *internetês*, e os dispositivos e formas relacionais que precisam ser apropriados nas situações de comunicação síncronas mediadas pelo meio digital. Paralelamente, podem ser flagrados os processos epistêmicos de *imbricação do Eu* na situação e de *distanciação-regulação*, pois quanto mais rápido e hábil for o internauta no gerenciamento do teclado e do *mouse*, mais ele poderá aproximar, distanciar ou conquistar amigos virtuais. Nesse sentido, a escrita minimalista que pontua as interações nesse tipo de situação comunicativa acaba se transformando em estratégias discursivas de sobrevivência no gênero. Portanto, tais estratégias estão conectadas às relações sociais que se estabelecem entre os *chatters*.

Sem deixar de considerar as mudanças óbvias de paradigmas ante a escrita, a atitude de *Linda* pode ser associada àquela que *Tamuz* teve diante da invenção dos caracteres, no sentido de pôr em cena não mais um questionamento acerca da relevância da invenção de *Thoth*, mas no sentido de questionar os modos de grafar o português. Essa postura parece fazer eco aos questionamentos que os professores de língua materna se fazem diante dessa escrita abreviada. Perante tais questionamentos, o parceiro da conversa demonstra compreender o que assinala Elisabeth Bautier acerca da conexão das formas de linguagem às diversas relações sociais, pois *£!¢ Msn para mulheres* diz que, se sua interlocutora não respeita o contrato social de linguagem do *chat* aberto, não vai matar a língua portuguesa, mas o próprio gênero que se materializa nessa língua.

Exageros à parte, residem no Exemplo 3 importantes pistas acerca das maneiras dos sujeitos se relacionarem com a escrita. Se o saber é situado, como defende Charlot (2000), então seria um equívoco simplesmente concluir que apenas o internauta *£!¢ Msn para mulheres* tem uma boa relação com a escrita, desprezando a postura de *Linda*. Na verdade, ambos os escreventes mantêm uma boa relação com a escrita, o que ocorre é que apenas um deles percebe que o *internetês* é um saber que, como qualquer outro, consubstancia relações situadas no contexto da internet, e não fora dela. O exemplo mostra, por outro lado, que *Linda* se relaciona muito bem com a escrita acadêmico-escolar, suscitando em seu parceiro de bate-papo evocações lexicais que lembram o universo escolar, como *redação, colégio, acentua, professora.*

Esse mesmo exemplo suscita ainda outras questões, entre as quais, considero relevante focalizar o conflito entre as duas relações com a escrita e considerar também necessário investir mais na análise dos processos epistêmicos dessas relações com o saber. Na perspectiva de *£!¢ Msn para mulheres,* fica claro o fato de que esse escrevente se mostra conscientemente seguro de que não está assassinando o português, o que se configura no processo *objetivação-denominação* sobre o qual fala Charlot (2000). À luz dessa explicação, é razoável afirmar que saber o *internetês* para esse sujeito é adentrar um mundo distinto daquele da escrita formal, evocado por *Linda.*

Ao considerar ainda a convicção da internauta de que não estava na sala de bate-papo *para assassinar o português* e da inferência de seu interlocutor segundo a qual *Linda* seria uma professora, é possível pensar na *distanciação-regulação* que perpassa essas relações interpessoais mediadas pelo computador. Ora, sendo a interlocutora uma possível professora que vê na internet uma ameaça ao ensino e à aprendizagem do idioma pátrio, é natural que o eu profissional da escrevente tanto se imbrique na atividade de escrita formal quanto regule a distância que ela procura manter em relação àqueles a quem considera péssimos usuários da língua portuguesa. Assim, ainda que esteja em plena interação no *chat,* a internauta insiste em se comportar formalmente em seu modo de escrever.

No entanto, ela esquece que se o importante em um *chat* aberto for conquistar amigos, sentir-se inserido nessa ambiência, o uso de uma escrita formal não cabe na situação comunicativa. Além de atrasar a interação, rouba desse gênero a ludicidade que lhe é peculiar. Sendo assim, é preciso manter um distanciamento da atividade de escrita formal, como faz *£!¢ Msn para mulheres* regulando o ato de escrever na internet à luz do contexto. Isso me permite flagrar ainda o processo objetivação-denominação em relação ao *internetês,* principalmente quando o referido escrevente afirma que eles não estão produzindo uma redação escolar, mas um *chat* aberto. Nesse sentido, o internauta já aprendeu que a natureza da escrita utilizada no *chat* é de outra ordem e que, se fosse uma redação escolar, suas escolhas lingüistas seriam tão canônicas quanto as que se processam geralmente nas instituições de ensino.

Considerações finais e implicações pedagógicas

Ao discutir a atividade de pesquisa embasada pela abordagem da relação com o saber, Charlot (2005, p. 41) afirma que "o pesquisador [...] é levado a considerar a especificidade dos saberes e das atividades". Por isso, para estudar o *internetês* como um saber que engendra novas relações com a escrita, procurei considerar suas especificidades, procedendo à análise de algumas práticas linguageiras comuns na internet, tais como os *chats* e as trocas de *scraps* pelo *Orkut*. Mesmo que este estudo seja ainda preliminar, ele permite a afirmação de que o chamado *internetês* vai muito além de simples ocorrências vocabulares estranhas.

A análise evidenciou que a atualização da escrita em gêneros digitais como os *chats* e os *scraps* trocados pelos *orkuteiros* caracteriza o que poderia ser denominado como um registro de uso da escrita. Por esse motivo, pode ser considerado também como uma variedade lingüística, no sentido sociolingüístico do termo, a qual é capaz de materializar as necessidades enunciativas dos internautas em qualquer língua. Sendo assim, o trabalho permite concluir que o *internetês* é a simplificação escrita de qualquer língua em ambientes digitais, cujas características apontam para uma linguagem alfanumérica.

Particularmente, considero um exagero sem medidas associar tal linguagem a tentativa de matar o idioma, pois ela apenas faz parte das inevitáveis mudanças pelas quais passam as línguas naturais. Como um estilo alfanumérico de escrever, o chamado *internetês* não se limita apenas aos limites da Web, já que esse tipo de escrita migra para as pequeninas telas de cristal líquido dos celulares. Com essa migração, será que teremos uma nova variedade: o *celulês*? Creio que inventar modismos lexicais para dar conta de tais variedades é bem menos importante do que admitirmos que, com essa escrita, uma coisa é certa: tanto a tela digital do celular quanto a do computador conectado à internet têm reclamado determinadas alterações em relação ao ato de escrever; um letramento para o qual se deve aprender a dizer muito com poucos caracteres de escrita. Dito de outro modo, estamos diante de um novo saber o qual nos move como um sujeito de relações, afinal, as formas de realizarmos os encontros com o outro na língua passa necessariamente pelos meios de comunicação e pelos gêneros de que dispomos para efetivar esse encontro.

Outro aspecto importante que pode ser depreendido desse exercício de análise diz respeito ao fato de que "o conceito de relação com o saber [...] permite lançar um outro olhar sobre as situações didáticas" (Charlot, 2005, p. 43). Nesse caso, como olhar para a escrita digital no ensino tendo como norte teórico a teoria da relação com o saber? Eis aí uma oportunidade de estudo que se desvela em face dos que se interessam pela discussão sobre internet e ensino[13]. Em torno dessa relação ainda gravitam muitos mitos, mas uma coisa pode ser dita aqui. É desnecessário falar em escolarização dos gêneros digitais, pois as crianças e os adolescentes já sabem "tudo" sobre eles. O que a escola precisa fazer é abolir o medo dessas linguagens e aprender a refletir sobre onde e quando interagimos por meio de cada uma delas.

Seguindo o raciocínio de Charlot (2000), assim como os pesquisadores e demais atores sociais devem fazer uma leitura em positivo das experiências escolares, a própria escola também precisa fazer uma leitura em positivo do *internetês*, pois, se for verdade que a língua é um lugar de encontro com os nossos tantos outros, como eu acredito que é, então seria esdrúxulo considerar os usos da escrita digital que semiotizam tais encontros como uma linguagem *frankensteiniana*. Se assim não o fizermos, poderemos estar incorrendo no lamentável equívoco de confundir a língua portuguesa com as muitas maneiras de grafá-la, todas ao alcance da capacidade criadora dos sujeitos reais que protagonizam encontros reais, já que são seres relacionais por excelência.

Referências

ARAÚJO, J. C.; BIASI-RODRIGUES, B. Questões de estilo no gênero chat aberto e implicações para o ensino de língua materna. In: ARAÚJO, J. C. (Org.). *Internet & ensino: novos gêneros, outros desafios*. Rio de Janeiro: Lucerna, 2007, p. 78-92.

ARAÚJO, J. C. Nicks e emoticons no chat aberto: uma análise da ressignificação da escrita. In: CAVALCANTE, M. M. *et al. Texto e Discurso sob múltiplos olhares: gêneros e seqüências textuais*. Rio de Janeiro: Lucerna, 2007a, p.38-61.

ARAÚJO, J. C. "Kd a roupinha do nick?": Brincando de vestir identidades no chat aberto. In: COSTA, M. F. V. da; COLAÇO, V. de. F .R.; COSTA, N. B. da. *Modos de brincar, lembrar e dizer: discursividade e subjetivação*. Fortaleza: Edições UFC, 2007b, p. 189-204.

ARAÚJO, J. C. Os gêneros digitais e os desafios de alfabetizar letrando. *Trabalhos em Lingüística Aplicada*. Campinas: IEL-UNICAMP, v. 46(1), p. 79-92, jan./ jun. 2007c.

ARAÚJO, J.C. (Org.) *Internet & ensino: novos gêneros, outros desafios*. Rio de Janeiro: Lucerna, 2007d.

ARAÚJO, J. C. A conversa na web: o estudo da transmutação em um gênero textual. In: MARCUSCHI, L.A. & XAVIER, A. C. (Org.) *Hipertexto e gêneros digitais: novas formas de construção de sentido*. Rio de Janeiro: Lucerna, 2004. p. 91-109.

CHARLOT, B. *Relação com o saber, formação dos professores e globalização: questões para a educação hoje*. Porto Alegre: Artmed, 2005.

CHARLOT, B. A noção de relação com saber: bases de apoio teórico e fundamentos antropológicos. In: CHARLOT, B. (Org.). *Os jovens e o saber: perspectivas mundiais*. Trad. MURAD, F. Porto Alegre: Artmed, 2001. p. 15-31.

CHARLOT, B. *Da relação com o saber: elementos para uma teoria*. Trad. MAGNE, B. Porto Alegre: Artmed, 2000.

CRYSTAL, D. *A revolução da linguagem*. Rio de Janeiro: Zahar, 2005.

DIEB, M. *Móbeis, sentidos e saberes: o professor da educação infantil e a sua relação com o saber*. Tese (Doutorado em Educação), Fortaleza, Programa de Pós-Graduação em Educação da Universidade Federal do Ceará, 2007.

LOMONACO, B. P. *Les sens, les savoirs, les saveurs: apprendre à l'école primaire*. Thèse de doctorat – France: Université de Paris 8, 1998.

MAINGUENEAU, D. *Análise de textos de comunicação*. São Paulo: Cortez, 2001.

MARCUSCHI, L. A. *Da fala para a escrita: atividades de retextualização*. 3. ed. São Paulo: Cortez, 2001.

MATUCK, A. Linguagem computacional e criação textual híbrida homem-máquina: uma prospectiva da informação científica. In: *Congresso Brasileiro de Ciências da Comunicação*. Anais... São Paulo: Intercom, 2005. CD-ROM.

PLATÃO. *Fedro*. São Paulo: Martin Claret, 2005.

RIBEIRO, M. M.; ARAÚJO, J. C. "Pronto, tia, eu já escrevi o site do 'rotimeio'. Agora é só apertar o enter?" O endereço eletrônico na sala de aula. In: ARAÚJO, J.C. (Org.). *Internet & ensino: novos gêneros, outros desafios*. Rio de Janeiro: Lucerna, 2007, p.165-178.

SWALES, J. *Genre analysis: english in academic and research settings*. Cambridge: Cambridge University Press, 1990.

TÁVORA, A. D. F. A intertextualidade intersuportes: estratégias de quebra de expectativas na leitura e na escritura de gêneros. In: ARAÚJO, J. C; DIEB, M. (Orgs). *Linguagem e educação: fios que se entrecruzam na escola*. Belo Horizonte: Autêntica, 2007. p. 21-32.

YANNAKAKIS, P. *L'enseignant médiateur et ses rapports à l'école en Grèce*. Thèse de doctorat – France: Université de Paris VIII, 1996.

TERCEIRA PARTE

Os saberes docentes e a relação com o ensinar

A formação do sujeito e o sujeito da formação: a relação com o saber de professores da educação de jovens e adultos

Karine Santos
Rute Baquero

Considerações iniciais

Nas últimas décadas, a questão da profissionalização do educador de jovens e adultos tem se tornado cada vez mais nuclear nas práticas educativas e nas discussões teóricas da área. A construção de uma pedagogia para a formação de educadores de jovens e adultos, que problematize teorias de formação e fazeres didáticos, constitui-se em desafio a ser enfrentado. A falta de especificidade na formação dos educadores que atuam nessa modalidade de educação tem sido identificada, segundo Ribeiro (1999), como um dos principais entraves das experiências educativas desenvolvidas na área. Tal situação tem se refletido nas práticas pedagógicas institucionalizadas com adultos não escolarizados, as quais se encontram alicerçadas numa série de falácias a respeito da compreensão do que seja o adulto, de sua função social, bem como a respeito de seus processos de aprender a ler e a escrever.

Consoante o que nos dizem Baquero *et all* (1991), destaca-se em relação às falácias, além da visão infantilizada do adulto, a concepção desse adulto como um ser pronto e acabado, como um ser universal, abstrato, padronizado. No âmbito das políticas públicas, a área tem sido objeto, preponderantemente, de ações compensatórias que propõem o desenvolvimento de uma escolarização, de natureza reparadora, para aqueles que não tiveram acesso à escola na "idade apropriada" ou que sofreram o processo de "exclusão da/na escola". Essa visão acrítica e de natureza assistencialista da Educação de Jovens e Adultos (EJA) é fator que, segundo Ribeiro (1999), prejudica a constituição do próprio campo, limitando a possibilidade de oportunizar aos educadores uma formação adequada. Ao mesmo tempo, a ausência de especificidade na formação do educador tem se refletido nas práticas pedagógicas com jovens e adultos, colaborando, como observam Baquero & Chaves

(2004), com uma transposição do modelo de escola consagrado ao ensino de crianças para essa modalidade de educação.

Em acréscimo, ao analisar documentos da UNESCO sobre a situação da educação na América Latina, Letelier (1996) identifica a pouca relevância atribuída à Educação de Jovens e Adultos, inclusive no Brasil. De acordo com a autora, essa é uma situação paradoxal, justamente pelo fato de que tal modalidade de educação tem como função atender aos setores da população cada vez mais prejudicados pelas políticas econômicas e cada vez mais numerosos. Assim, a pouca atenção que a área recebe das ações governamentais no Brasil se traduz, segundo Soares (2003), pelo prosseguimento do trabalho com pessoal não-profissional; oferecimento de serviços de baixa qualidade, não-obtenção de resultados esperados e, finalmente, pela perpetuação de um círculo vicioso que impede a EJA de ser valorizada. A seriedade desse problema se mostra ainda mais evidente pelo fato de que, conquanto mediadores de uma prática social, os educadores de adultos exercem um papel fundamental na implementação das experiências populares e escolares[1] nessa área da educação.

Essa prática tem sido desenvolvida, às vezes, com a colaboração de voluntários; outras, por militantes; em alguns projetos, por professores leigos ou com experiência em outro nível e modalidade de educação. Às dificuldades enfrentadas na ação alia-se uma reduzida produção teórica, no campo da EJA. Com base nisso, e na noção de relação com o saber proposta por Bernard Charlot (2000), buscamos neste capítulo problematizar a relação de um grupo de professores com o saber e com o ofício docentes em classes de EJA. As questões que norteiam nossa problematização são as seguintes: Que relação os professores de classes de EJA estabelecem com o saber e com o ofício docente? De que maneira esses professores se relacionam com o saber pedagógico?

Para dar corpo e materialidade a essa discussão, trataremos, inicialmente, da produção científica e da legislação acerca da Educação de Jovens e Adultos no nosso país. Em seguida, situaremos a questão da noção de relação com o saber como ferramenta importante para refletir a formação de professores nessa modalidade de educação. Num terceiro momento, explicitaremos o processo de pesquisa-formação e finalizaremos o capítulo apresentando uma discussão dos dados coletados tendo, como quadro de referência, a contribuição dos estudos de Charlot.

---

[1] Segundo Baquero & Fischer (2004), o modelo popular ou conscientizador de educação de jovens e adultos refere-se às ações educativas que se instituem a partir de iniciativas da sociedade civil, enquanto que o modelo sistematizador ou escolar de Educação de Jovens e Adultos refere-se às iniciativas do Estado.

A produção científica e a legislação acerca da EJA

Haddad (2000) coordenou recentemente o estudo *O estado da arte das pesquisas em Educação de Jovens e Adultos no Brasil*. Nesse trabalho, foi realizado um balanço das dissertações e teses acadêmicas sobre a EJA, as quais foram produzidas no País entre os anos de 1986 e 1998. Em um universo de 222 trabalhos catalogados como parte desse estudo, 91% eram dissertações de mestrado e 9% teses de doutorado. Esses trabalhos correspondem a 3% de toda a produção discente nacional, configurando um percentual muito pequeno em relação a outras temáticas no campo da educação. Apesar de o índice ser considerado pequeno, os organizadores do estudo apontam que há uma tendência ao crescimento na produção a respeito dessa área, principalmente, a partir de 1995.

Machado (2000), uma das colaboradoras de Haddad no referido estudo, dedicou-se a analisar *As práticas e a formação de professores na EJA*. Das 20 pesquisas encontradas, nove dissertações enfocavam especificamente a prática dos professores em EJA, enquanto três teses e oito dissertações tinham como tema central a formação dos professores que atuam nessa área. Segundo a autora, como resultado geral das pesquisas, há quase uma unanimidade na constatação das dificuldades enfrentadas pelos professores em sua prática e da necessidade de uma preparação específica dos professores que atuam em EJA.

Sobre esse assunto, Haddad (2000) diz que

> as pesquisas sobre a temática do professor de EJA reafirmam a existência ainda hoje de um preconceito sobre esse campo de trabalho, considerado como campo de segunda linha. [...] Este é um desafio que precisa ser enfrentado em qualquer proposta de EJA, sobretudo reconhecendo o direito à especificidade que esta modalidade de educação tem. (p. 15)

No que se refere à problemática da formação de professores de EJA, caminhos diferenciados precisam ser construídos em face da heterogeneidade do público a ser atendido. O campo da EJA se constitui em um campo multifacetado, que atende, preponderantemente, populações marginalizadas, de zona rural ou urbana, além de populações discriminadas, tais como os povos indígenas, as mulheres e as minorias étnicas. Além disso, segundo Brunel (2004), observa-se nos últimos anos o fenômeno da crescente juvenilização nas classes de EJA. Nesse sentido, a Educação de Jovens e Adultos no Brasil tende a assumir uma dimensão própria devido a sua relação com populações com essas características.

Em acréscimo a essas observações, Soares (2003) salienta que

> tem sido cada vez mais crescente a discussão em torno das especificidades do público que freqüenta os espaços em que a educação ocorre, não mais considerado de forma abstrata, mas encarnado em homens e mulheres concretos, negros, brancos, índios, jovens, idosos. Nesse debate, ganha importância o papel desempenhado pelo educador que atua junto a essa população (p. 283-284).

Assim sendo, a própria legislação foi incorporando aos poucos a necessidade da formação específica desse educador. Um exemplo disso está contido na Lei 5.692/71, que atribuiu um capítulo ao ensino supletivo[2], explicitando em um dos artigos a necessidade de preparação do professor tendo em vista as especificidades de se trabalhar com adultos. Nessa mesma direção, a mais recente Lei de Diretrizes e Bases da Educação Nacional (LDB) – Lei 9.394/96 (BRASIL, 1996) – estabelece a necessidade de uma formação adequada para se trabalhar não só com o adulto, mas também com o jovem. A atual LDB refere igualmente a necessidade de se dar atenção às características dos trabalhadores matriculados nos cursos noturnos.

Há que se registrar ainda o avanço conceitual alcançado pela legislação ao superar a idéia de educação compensatória, advinda do ensino supletivo, de caráter emergencial, para assumir uma concepção de educação conquanto direito do cidadão (cf. Soares, 2003). Complementando o rol de avanços, as Diretrizes Curriculares Nacionais para a Educação de Jovens e Adultos – DCNEJA (BRASIL, 2000) estabelecem, no item VII referente à Formação Docente, que o preparo profissional do docente deve incluir, além das exigências formativas para todo e qualquer professor, aquelas relativas à complexidade diferencial dessa modalidade de educação. Ressaltando as especificidades dos sujeitos aprendizes, as DCNEJA recomendam também que os docentes se qualifiquem para a organização de projetos pedagógicos apropriados às características e expectativas específicas da população a ser atendida.

No entanto, deve-se salientar, conforme referido anteriormente, uma questão fundamental no que diz respeito à formação do professor de EJA: a construção da própria identidade do campo de atuação desse professor. Nesse contexto, Ribeiro (1999), destacando que a insuficiência da formação

[2] O Ensino Supletivo foi definido na antiga Lei de Diretrizes e Bases da Educação Nacional – LDB 5.692/71, continuando a vigorar em traços gerais na LDB n. 9.394/96. Uma das principais características da Suplência foi a incorporação das práticas do ensino regular mantendo a idéia da "aceleração escolar" – quatro anos em quatro semestres (cf. RIO GRANDE DO SUL, 2001).

de professores já foi suficientemente reiterada nos estudos acadêmicos, reivindica da academia uma produção de conhecimentos que dê uma contribuição teórica mais consistente à constituição do próprio campo da EJA e, por conseqüência, à formação de seus educadores. Segundo a autora, as características da EJA – infantilizadora, voluntária, assistencialista, compensatória – são fatores que interferem na desprofissionalização do educador de jovens e adultos. Nesse sentido, afirma que

> tais representações, além de desprofissionalizar o educador de jovens e adultos e a própria ação educativa com eles desenvolvida, distancia a Educação de Jovens e Adultos de um estatuto próprio, que subsidie a formulação de propostas teórico-metodológicas compatíveis com as vivências e os saberes daqueles aos quais se destina (RIBEIRO, 1999, p. 189).

Portanto, pensar especificamente sobre a formação docente voltada para a Educação de Jovens e Adultos constitui fator fundamental para a definição das especificidades que esse campo de atuação exige.

A noção de relação com o saber como alternativa para pensar a formação do educador de EJA

Tendo em vista que o saber é o centro da experiência escolar, postulamos que o entendimento das relações que os professores de EJA estabelecem com o saber, o significado que atribuem aos saberes de sua prática pedagógica, assim como o modo como percebem sua relação com o ofício docente podem trazer significativas contribuições para se pensar caminhos de formação docente para essa modalidade de educação.

Entendemos saber como um conhecimento que produz sentido na vida e em mim (sujeito), a partir de uma interação com o mundo e com os que nele habitam. Apesar de sua falta de materialidade, o saber se torna um objeto constituído na linguagem oral e, portanto, muito próximo de um objeto da linguagem escrita, que é um saber objetivado e construído pela humanidade do qual o indivíduo se apropria e aprende. Dessa maneira, Charlot (1996, 2000, 2001, 2005) vem nos ensinando que todo saber está ligado a uma prática social, pois remete sempre às relações de um sujeito com o mundo através da linguagem e das ações.

Por essa perspectiva, a noção de relação com o saber está enraizada na própria identidade do sujeito, já que se trata de um modo de questionar "seus modelos, suas expectativas em face da vida, do futuro, do ofício futuro, da imagem de si mesmo e das suas relações" (CHARLOT, 1996, p. 54). Nesse sentido, segundo Beillerot (1996), a relação com o saber implica o processo pelo qual um sujeito, com base nos saberes adquiridos, produz saberes singulares que lhe permitem pensar, transformar e sentir o mundo natural e social.

Nessa problemática, é interessante refletir sobre a condição que o homem está cotidianamente confrontado, envolvido cada vez mais em uma quantidade vasta de saberes. No entanto, na impossibilidade de tudo saber, o sujeito segue em busca daquilo de que tem necessidade, é isso então que dá sentido ao saber. Ele vai construir o "seu" saber, confrontando-o com os saberes do mundo.

Conforme destaca Lomonaco (1998),

> o sentido que o sujeito atribui ao que aprende (ou ao que não aprende) constitui uma tomada de consciência a respeito do que sabe (ou que não sabe), fruto de uma confrontação entre o saber exterior e a recriação interior que dele faz. Esse sentido é datado, submetido aos determinantes da vida (e, portanto, a outras significações que podem se superpor) e pessoal, mesmo que passível de ser partilhado e transformado pelo outro. Esse sentido é o que constitui a interface entre o homem e o mundo; dar sentido às coisas implica intervenção da linguagem, da consciência e do pensamento. Dar sentido é criar. (p. 32)

Nessa direção, pode-se afirmar que é mediante a experiência de conhecer e de aprender que os saberes são construídos, uma vez que ela remete a uma situação vivida de modo pessoal e único e, portanto, não reproduzível. Ainda segundo Lomonaco (1998), se a experiência – seja ela afetiva, corporal, seja ela intelectual, etc. – é única, pode entretanto ser transmitida quando é "trabalhada" por meio de cores, formas, gestos, sons, palavras e outras formas. E é esse movimento que torna possível a acumulação e a renovação de saberes e a construção de saberes coletivos.

Ao tomarmos a formação docente como uma experiência de aprendizagem, não podemos esquecer que o professor a vive de modo complexo e singular. O docente é, ao mesmo tempo, como diz Charlot (2005a), "um sujeito (com suas características pessoais), um representante da instituição escolar (com direitos e deveres) e um adulto encarregado de transmitir o patrimônio humano às jovens gerações" (p. 77). Não obstante esse entendimento sobre o sujeito, o autor se refere à formação docente como algo difícil de se realizar e indica dois motivos que justificam essa afirmação: "Não sabemos o que é, exatamente, o professor e o que é, exatamente, o ofício do professor" (Charlot, 2005b, p. 83).

Em relação a essa questão, Gauthier *et alli* (1998, p. 28), na obra *Por uma teoria da Pedagogia*, referem a existência de "certas idéias preconcebidas que prejudicam o processo de profissionalização do ensino impedindo o desabrochar de um saber desse ofício sobre si mesmo". Desse modo, constitui-se o que os autores denominam de ofício sem saberes ou a tendência inversa que seria a existência de saberes sem ofício. Se no primeiro caso, segundo os autores, tem-se um ofício sem saberes específicos, no segundo caso observa-se o inverso, ou seja, a tendência a formalizar o ensino reduzindo de tal modo a sua complexidade que ele não mais encontra correspondente na realidade. A partir dessa problematização, os autores apresentam como concepção de ensino a mobilização de vários saberes que "formam uma espécie de reservatório no qual o professor se abastece para responder a exigências específicas de sua situação concreta de ensino" (*ibidem*).

Essa discussão demonstra a necessidade de se pesquisar e de se refletir sobre o contexto da escola atual e do repertório de saberes que os professores lançam mão nas situações de ensino, como condição fundamental para a profissionalização. Nesse contexto, abordar a relação dos professores com o saber significa reconstituir os processos de construção de seus saberes profissionais, uma vez que provoca a reflexão sobre a sua relação com o aprender e com o saber, possibilitando-lhes pensar, agir, transformar, sentir e compreender o mundo e seu entorno. Entender essa construção no âmbito da formação dos professores de EJA é, como já explicitado, o desafio a que nos propomos neste capítulo. Conforme nos indica Charlot (2005a), o que está em jogo na formação é a construção de uma identidade profissional que pode estruturar a relação do docente com o mundo, engendrar certas maneiras de "ler" as coisas, as pessoas e os acontecimentos.

Trata-se, pois, de uma perspectiva de formação docente que envolve uma compreensão de professor como um "mestre do sentido" (mestre orientado para a atribuição de sentidos), diferentemente do modelo clássico de formação, orientado para a constituição de um "mestre da verdade" (mestre do domínio da verdade). No primeiro paradigma de formação do professor, mais do que o domínio de um conjunto de verdades que constituem patrimônio da humanidade, ensinar implica uma relação com o mundo. Nele, o professor vincula o saber a uma ética, ou seja, ensina uma "verdade particular" com o objetivo de desenvolver junto a seus educandos um saber-ser. No segundo, o professor como "mestre da verdade" trabalha com enunciados de saber, considerando o ensino como uma via, um caminho para o ensino de verdades prontas e acabadas. Nesse sentido, problematizar a relação que os professores das classes de EJA estabelecem com o saber e com o ofício docente nos impele a examinar igualmente a relação que eles estabelecem com o saber pedagógico.

Para isso, apresentaremos, na seqüência, a análise preliminar de um estudo desenvolvido junto a professores de classes de EJA de uma escola da rede municipal de ensino da cidade de São Leopoldo/RS.

O processo de pesquisa-formação

Participaram do estudo 10 professores (sete mulheres e três homens), na faixa etária entre 25 e 50 anos e com experiência docente entre 2 e 26 anos. Sobre a formação docente, dos 10 entrevistados apenas duas professoras não têm curso superior concluído e quatro têm curso de magistério em nível médio. Essas quatro professoras têm, em anos, a maior experiência docente em relação aos demais. Os outros seis entrevistados iniciaram sua carreira após a conclusão do curso superior. A coleta de dados ocorreu num processo de pesquisa-formação[3], tendo sido desencadeado a partir de reflexões junto ao grupo dos professores.

Esse processo de pesquisa-formação, como o próprio nome sugere, trabalha simultaneamente pesquisa e formação, provocando cada sujeito da pesquisa a realizar uma reflexão sobre aquilo que teve um aspecto formador em sua vida. Ademais, problematiza o que cada um pensa e faz e reforça um espaço de autoformação, no qual refletir sobre si mesmo, sua trajetória e prática profissional são fatores privilegiados e objeto de investigação. Nesse sentido, a intencionalidade da proposta passa pela seguinte afirmação: "Pesquisa-se formando e forma-se pesquisando" (Baquero, 2005, p. 22).

A proposta de pesquisa-formação teve como eixos organizadores do processo formativo quatro perguntas pedagógicas sugeridas por Smyth (1989): perguntas de Descrição, de Interpretação, de Confronto e de Reconstrução. Segundo sugere esse autor, as perguntas pedagógicas podem promover a reflexão crítica dos professores e contribuir para seu desenvolvimento profissional, perseguindo diferentes objetivos. Assim, as perguntas de descrição são aquelas que permitem uma explicitação da ação pedagógica do(a) professor(a) e sobre o que sente em relação ao que fazem. As perguntas de interpretação vão mais longe e focalizam o significado das ações e dos sentimentos, envolvendo uma reflexão sobre a ação. As per-

---

[3] O processo de pesquisa-formação aqui referido se apóia na proposta desenvolvida pela professora Rute Baquero (2005). Embora tenha essa mesma designação, cabe referir que não se trata da metodologia de pesquisa-formação desenvolvida pela professora Marie-Chistine Josso (2004), a qual lida com histórias de vida numa lógica de elaboração, compreensão e interpretação de narrativas.

guntas de confronto são questionamentos sobre a primeira interpretação, o olhar da primeira análise, buscando confrontar os olhares para construir um novo olhar. Finalmente, as perguntas da reconstrução problematizam os questionamentos referentes à mudança, à reconstrução e à inovação da prática pedagógica. Com base em tais perguntas, o processo de pesquisa-formação foi realizado em quatro encontros de duas horas de duração cada um, com intervalo de tempo de um mês entre cada encontro.

No primeiro encontro, com ênfase na pergunta pedagógica de descrição, o objetivo era problematizar o ofício docente e seu significado social, refletindo sobre O que é ser professor?, O que é ser professor hoje? e O que é ser professor em EJA? No segundo encontro, as perguntas pedagógicas de interpretação tinham o objetivo de reconhecer os saberes privilegiados pelos professores. Para isso, fizemos uso de um instrumento de geração de dados chamado *Minha história, meus saberes,* que se constituiu em uma adaptação da técnica do Balanço do Saber[4], criada por Bernard Charlot e a equipe ESCOL. Assim, o enunciado sugerido pelo instrumento adaptado foi o seguinte: "Desde que nasci aprendi muitas coisas: no seio de minha família; nos espaços onde morei; nas escolas que estudei; nas experiências de trabalho... Do que aprendi, o mais importante foi...". O terceiro encontro focalizou as concepções de jovens e adultos partilhadas pelos professores, bem como as concepções de EJA que os professores têm. A pergunta pedagógica que norteou esse encontro foi a de confronto que mobiliza a construção de questionamentos sobre a primeira interpretação, buscando comparar os olhares para construir um novo olhar. Por último, o quarto encontro com o grupo de professores, orientado pela pergunta pedagógica de reconstrução, culminou com uma meta-reflexão sobre a produção realizada nos encontros anteriores. Esse encontro teve como resultado a definição de dimensões a serem consideradas na construção de uma proposta curricular contextualizada para a EJA.

Com base nos dados gerados nos encontros realizados e nos instrumentos utilizados, passaremos a discutir os resultados a fim de compreendermos a complexa relação dos professores em salas de EJA com o saber e com o ofício docentes. Para a apresentação dos dados, utilizaremos as siglas Prof. 1, Prof. 2 e assim sucessivamente, para designar os professores participantes da pesquisa, resguardando, desse modo, sua identidade.

---

[4] Originalmente essa técnica consiste em uma produção de texto na qual o jovem avalia os processos e os produtos de sua aprendizagem (CHARLOT, 2001, p. 37).

Relação com o saber de professores de EJA

O processo de reflexão mobilizado pela pesquisa-formação contribuiu para a problematização a respeito das especificidades de ser professor da EJA, bem como das características de seu público. Além disso, desafiou os professores a uma reflexão sobre suas trajetórias e o papel social de seu ofício, provocando neles a necessidade de explicitar suas relações com o saber e com o ofício docente. No tratamento dos dados, trabalhamos com duas categorias de análise: relação com o ofício docente e relação com o saber pedagógico.

- Relação com o ofício docente

Valendo-nos de uma análise dos depoimentos dos participantes, podemos afirmar que para esse grupo de professores "ser professor" é ser pessoa e, principalmente, conhecer-se a si mesmo para poder agir profissionalmente:

> Ser professor exige conhecimentos, saberes, mas principalmente conhecer-se a si mesmo para poder agir profissionalmente (Prof. 2).
>
> Ser professor, em primeiro lugar, é ser "pessoa"; é sentir, é viver, é enxergar, é pensar, é tudo que nos completa como ser humano; para podermos ser o profissional que vai nos capacitar para trabalhar com as outras pessoas como a gente. Não só o aluno, mas as outras pessoas que também fazem parte da escola (Prof. 6).

É, também, segundo os professores entrevistados, ser um estimulador da construção de conhecimentos e um pesquisador, mobilizando diferentes saberes.

> Ser professor é ser um orientador/facilitador na busca pelo conhecimento. É estar disposto a sempre aprender, a ouvir o outro, tanto quanto a ensinar (Prof. 1).
>
> Ser professor é ser pesquisador, trabalhar com experimentos (Prof. 7).
>
> Ser professor é construir o conhecimento junto com o aluno, inserindo-se na realidade do mesmo (Prof. 10).

Como se pode observar, a concepção do trabalho docente para o grupo de professores passa pela relação entre a dimensão pessoal e a profissional. O conhecer-se a si mesmo é, segundo os professores de EJA, condição essencial para um agir profissional conseqüente, no âmbito de uma profissão marcada pelas relações entre pessoas. Por outro, os professores destacaram, como componente fundamental na dimensão profissional, a relevância de processos de ensino-pesquisa, em que assumam o papel de pesquisadores, estimulando, concomitantemente, seus alunos a construírem conhecimento. Nessa perspectiva, para os professores participantes da pesquisa, "ensinar não é transmitir", segundo uma visão bancária de educação[5]. Em síntese, os sujeitos (re)afirmaram a indissociabilidade entre a pessoa e o profissional, entre o sujeito conquanto profissional e o profissional conquanto sujeito.

No que diz respeito a "ser professor de EJA", percebemos que os professores entrevistados destacam, como sua função conhecer com mais detalhes as singularidades dos alunos, sua história de vida e contexto social, de modo que os conteúdos curriculares sejam contextualizados a partir das necessidades de cada sujeito.

> Ser professor de EJA é conhecer com maior detalhe as singularidades dos alunos, bem como as singularidades deste coletivo, de modo que os conteúdos curriculares sejam contextualizados e relacionados com as necessidades do grupo (Prof. 4).
>
> Ser professor de EJA é ser um profissional de educação capaz de considerar a história e experiências do educando (Prof. 8).

Destaque-se, nos depoimentos relativos à compreensão do que é ser um professor de EJA, o comprometimento desses educadores com a formação de natureza crítica, orientada para uma ação social transformadora. Por conseguinte, ser professor de EJA implica ser um profissional que contribua, com seu trabalho, para que o aluno possa perceber-se sujeito de sua história:

> Ser professor de EJA é contribuir com seu trabalho, para que o aluno possa atuar na sociedade; ser um sujeito crítico, enfim ser sujeito de sua própria história (Prof. 5).

Essa compreensão é explicitada por Gadotti (2005), para quem "os educadores, numa visão emancipadora, não só transformam a informação em conhecimento e em consciência crítica, mas também formam pessoas" (p. 19). Assim sendo, "ser professor de EJA" é ainda estar atento aos diferentes motivos pelos quais os alunos retornam à escola, de modo que o docente possa identificar os tipos de exclusão que os afastaram da vida escolar e resgatar oportunidades perdidas, (re)valorizando os sujeitos pela educação.

---

[5] "Ensinar não é transmitir" constitui-se no título da obra desenvolvida por Juracy Cunegatto Marques, editada pela Globo em 1969.

> Ser professor de EJA é estar atento aos diversos motivos pelos quais estão retornando à sala de aula. É ser um motivador, ao passo que vai tomando conhecimento daqueles que foram excluídos de alguma forma dos bancos escolares e não só trazer conhecimentos, mas também valorizar o que trazem de suas experiências de vida (Prof. 2).
>
> Ser professor de EJA é direcionar o trabalho docente a um grupo com características próprias. Pensa-se que são, principalmente, "excluídos" do sistema regular de ensino (Prof. 9).

Presente nas falas desses professores está a preocupação com a exclusão social, vivenciada pelos jovens e pelos adultos participantes da EJA. Tal preocupação tem fundamento na própria história da EJA, a qual é marcada, conforme afirma Arroyo (2001), pelo atendimento de populações cujas características são a exclusão, a miséria, o desemprego, a luta pela terra, pelo teto, pelo trabalho, pela vida.

O discurso recorrente sobre a exclusão social dos participantes das classes de EJA, por parte dos entrevistados, refere-se tanto ao sistema escolar quando ao mundo do trabalho.

> É preciso ter olhar realmente direcionado para seus alunos, visto que são sujeitos excluídos do mercado de trabalho ou da escola regular por várias razões. São pessoas de baixa estima e que precisam ver em si mesmos a sua capacidade intelectual (Prof. 5).

A dimensão da exclusão social guarda estreita relação com a problemática educação e trabalho, a qual se constitui como um conteúdo fundamental na EJA. Entretanto, esse conteúdo é, geralmente, desenvolvido apenas como tema transversal (cf. BRASIL, 1997). Segundo relatos dos professores, a exclusão e o trabalho (ou a falta dele) são temáticas que estão constantemente presentes na prática pedagógica do professor. Tais depoimentos indicam a importância da reflexão sobre ser professor e o significado do ofício docente na EJA.

Segundo Nóvoa (2001), os professores têm hoje que lidar não só com alguns saberes, mas também com a tecnologia e com a complexidade social, o que não existia no passado. Essa complexidade acentua-se pelo fato de a própria sociedade ter, por vezes, dificuldade em saber o que ela quer da escola. Especificamente no campo da EJA, a complexidade de ofício se acentua por se tratar de uma modalidade de educação em permanente transformação. Assim, os depoimentos dos professores nos fizeram refletir sobre suas formas de relação consigo mesmo, relação com o outro e relação com o mundo, assumidas teoricamente como constitutivas de sua própria relação com o saber.

Isso se justifica porque, segundo Charlot (2000), a experiência de criação e transformação das diferentes relações que estabelecemos com os outros e com o mundo, revela a nossa maneira de ser e reflete a relação consigo mesmo que cada um estabelece. Essa relação vai depender da reflexão que cada sujeito faz sobre si mesmo, do reconhecimento, de seus gostos, desejos, anseios, entre outros. Portanto, falar da relação consigo mesmo implica uma mobilização de si para si mesmo, um movimento de auto-reflexão e de ação no mundo, juntamente com os outros que participam dessa ação.

Com base nesse postulado teórico, é importante pensar acerca do que os sujeitos relataram no instrumento chamado *Minha história, meus saberes*. Eles dizem sobre o que aprenderam, principalmente no que se refere à relação consigo mesmo.

> Aprendi a respeitar o ser humano, aceitar suas diferenças, ocupar o meu espaço, lutar pelo meu espaço sem invadir o espaço do outro (Prof. 7).
>
> O mais importante foi a minha transformação como pessoa, descobri que as minhas des-virtudes podiam se transformadas em virtudes para o bem do outro. Perseverar sempre foi a minha meta e nunca desisti (Prof. 5).
>
> Aprendi tantas coisas, todas diferentes e ao mesmo tempo complementares. De tudo que aprendi, algo que considero importante, tanto para minha vida pessoal quanto profissional, foi me conhecer. Conhecer como sou, minhas certezas e minhas dúvidas (Prof. 2).

É interessante refletir aqui as relações entre o que os professores relatam ter aprendido com a vida e o modo como eles encaram a docência. Em relação a essa questão, os professores, ao mesmo tempo em que afirmam ter aprendido com a vida a autoconhecer-se assinalam a importância de *conhecer o outro*, no caso, os alunos, na sua prática docente em EJA. Do mesmo modo, os professores referem, como aprendizagens realizadas na sua vida, *aprender a respeitar o outro, reconhecendo a diferença*. Essa aprendizagem de vida parece ter também demarcado a forma como os professores encaram sua docência em EJA, uma vez que destacam a necessidade de *conhecer com mais detalhes as singularidades dos alunos,* considerando sua *história de vida e sua experiência*.

No que diz respeito à relação com o outro, os depoimentos dos professores destacam, como se pode verificar a seguir, que sua aprendizagem passa pelo saber aprender com o outro, esperar o tempo de cada um, ter sensibilidade e humildade na relação com o outro.

> Tem coisas que a gente aprende sozinho, outras coisas alguém pode ensinar (Prof. 1).
>
> Na família aprendi a ter mais paciência, esperar o tempo de cada um e a saber que o jovem é naturalmente meio "perdido". Afinal, passei pela experiência de abandonar o colégio no último ano do ensino médio (Prof. 5).
>
> Ter humildade para aprender cada vez mais e sensibilidade para extrair das pessoas e da vida o que elas tem de bom (Prof. 4).
>
> Eu sempre bati muito nessa tecla – humildade pra aprender, que eu acho que pra trabalhar em sala de aula tem que ter humildade (Prof. 4).

Essas aprendizagens na relação com o outro se constituem em formas que indicam uma conexão com o mundo, trazendo implicações para se pensar a inserção do ser humano em um mundo preexistente e estruturado por determinadas regras. As diferentes maneiras de ser e estar no mundo, referidas pelos professores, resultam da singularidade das histórias de cada um, entrelaçadas a trocas, experiências e interações acontecidas nos demais espaços sociais. A maneira de enxergar a vida, o ser humano, a natureza e o que essas esferas representam em nossa vida são saberes que nos identificam em certo grupo social, constituindo-se também formas de relação com o mundo.

No entanto, como nos alerta Charlot (2000), a inserção do ser humano nesse mundo, cujas referencias são predeterminadas, nunca é de plena adaptação. Na mesma esteira de pensamento, Gadotti (2005) afirma que, como seres humanos, somos seres inacabados e incompletos, por isso precisamos aprender "com". Desse modo, fazemo-nos na relação com o outro, mediados pelo mundo e pela realidade em que vivemos.

> Aprendi a ter mais consciência e a levar em conta as diferenças sociais (Prof. 5).
>
> Aprendi a ter amigos, ter colegas; saber esperar; concordar, discordar; refletir e dar opinião (Prof. 7).
>
> Aprendi que a vida é o bem mais precioso que possuímos. Que devemos viver o hoje, sem pensar que existe amanhã. Que não devemos dar ouvidos ao que os outros falam, mas ouvir o nosso coração. Que nunca devemos deixar para amanhã, aquilo que podemos viver ou fazer hoje (Prof. 8).
>
> Aprendi que estamos aqui para sermos felizes e vivermos o máximo cada instante, com muita disposição e alegria. É buscar a

> felicidade em cada momento, em cada passo, em cada tarefa. E que a amizade em nossa vida é fundamental (Prof. 9).
>
> Aprendi a saber enxergar a beleza da vida (Prof. 4).

Como se pode notar, as experiências dos professores dizem respeito a sua implicação conquanto sujeito em um mundo em movimento, no qual diferentes histórias estão se construindo e onde ele, o sujeito, se constrói e é construído permanentemente. Nesse sentido, construir-se, ou seja, humanizar-se, exige uma mobilização e um desejo ante o aprender e o(s) saber(es).

- Relação com o saber pedagógico

Os saberes, as relações e os sentidos que os professores constroem e transformam ao longo de sua história estão radicalmente comprometidos com os saberes, as relações e os sentidos que esses sujeitos-professores constroem e transformam em seu ofício docente. O professor, segundo Charlot (2005), ensina em uma instituição em que há o controle de autoridades hierárquicas e de colegas, com restrições de espaço, de tempo e de recursos. Dessa forma, é importante destacar a relação que os professores estabelecem com o ofício docente.

Em seus depoimentos, essa relação é pautada pela preocupação com a aprendizagem do aluno e pela necessidade de desenvolver um trabalho flexível que lide com o imprevisto:

> Minha maior inquietação é quando chega o final do ano e tenho, em sala de aula, alunos que não conseguiram atingir os objetivos para a sua aprovação. Isso é frustrante e me pergunto sempre onde errei? Pois, sei que este aluno, apesar de não ter atingido estes supostos objetivos, ele é dono de um saber. (Prof. 8)
>
> Nas escolas onde trabalhei aprendi a trabalhar com o imprevisto. (Prof. 6)

Considerando que o professor é um sujeito em permanente construção de si e que em seu ofício lida diretamente com outros sujeitos que estão passando pelos mesmos processos, o ofício docente pode ser considerado um ofício de natureza complexa. Ele tem como objeto de trabalho o ser humano e, portanto, as relações que o sujeito-professor estabelece com seu objeto de trabalho são relações humanas, individuais e sociais ao mesmo tempo. Assim sendo, os saberes que os professores constroem e transformam em suas práticas têm características de um intenso movimento, o que causa instabilidade e incerteza, já que o ser humano está em permanente construção de si.

> Com o tempo, percebi que quanto mais flexível fosse com as pessoas (alunos) e na aplicação de conceitos mais sucesso teria no processo ensino-aprendizagem, pois a aprendizagem se dá na troca, na possibilidade de deixar o outro experimentar e se expressar. (Prof. 5)

Nesse contexto, o processo de reflexão-ação da prática pedagógica, bem como a problematização dos saberes da experiência, no âmbito da EJA, pode constituir-se em instrumento potencializador da definição de especificidades para esse campo de atuação pedagógica. Tal processo cria, como pudemos observar nas falas acima, uma situação de reflexão que sugere a volta à ação e propicia, em um terceiro momento, a re-construção da primeira reflexão. Dessa maneira, promove outro processo ao qual podemos chamar de sistematização da prática pedagógica, em uma perspectiva de "renovação" dessa prática.

A reflexão crítica sobre a prática, sobre o saber docente, sobre o ciclo de vida profissional e sobre os determinantes mais amplos do trabalho pedagógico são fundamentais nos processos de formação docente, daí a importância da *práxis* e de uma teoria do fazer. Sendo assim, a reflexão crítica sobre a prática pedagógica, sobre o saber docente enriquece a prática reflexiva e esta, por sua vez, ao acontecer, realimenta e organiza o pensar, possibilitando ao professor abandonar práticas lineares e pouco reflexivas:

> Me preocupo com a aprendizagem dos alunos. Me angustio quando estes apresentam dificuldades de aprendizagem e me emociono quando eles conseguem superar certos desafios. (Prof. 1)

Pelo que podemos perceber, ao mesmo tempo em que o professor se angustia ele também se alegra com a vitória de seus alunos, da qual se sente partícipe. Esse fato nos lembra Freire (1997a, 1997b) ao destacar a importância da reflexão sobre a ação, fundada no diálogo e na participação, a necessidade de reflexão sobre o sentido da prática, assim como o sentido do ofício de ensinar. Nesse sentido, tanto para Freire quanto para Nóvoa (2001) e Tardif (2002), a experiência é muito importante, mas a experiência de cada um somente se transforma em conhecimento mediante a análise sistemática de sua prática.

Considerações finais

Neste capítulo buscamos compreender a relação de um grupo de professores com o saber e com o ofício docente em classes de EJA. De acordo com a análise realizada, o professor de EJA interpreta seu oficio como uma relação humana, na qual se conhecer e conhecer o outro são fatores fundamentais para o processo ensino-aprendizagem. Isso se justifica pelo fato de (re)afirmarem a importância do reconhecimento da história de vida de cada sujeito da EJA. Portanto, a preocupação com a pessoa do professor é fundamental na reflexão educacional e pedagógica, desenvolvida nos processos de formação de professores nessa área. Sabemos que tão importante quanto *formar* é *formar-se*, que todo o conhecimento é autoconhecimento e que toda a formação é autoformação. Por isso, a prática pedagógica precisa direcionar-se ao sujeito nas suas singularidades.

Em segundo lugar, a relação desse professor com o saber pedagógico se caracteriza pelo comprometimento com uma formação de natureza crítica, voltada para uma ação transformadora, pois, para os docentes entrevistados, esse é um compromisso ético e político da ação de ensinar. Desse modo, é possível afirmar que não há como dissociar o sujeito professor do sujeito profissional. Segundo Nóvoa (1995), os professores cruzam a sua maneira de *ser* com a de *ensinar* e desvendam, na maneira de *ensinar,* a maneira de *ser*. Essa relação é desvendada a partir da reflexão sobre a relação consigo mesmo, com os outros e com o mundo que cada professor estabelece. Por isso, é importante que a docência seja considerada em sentido amplo, como mobilização de saberes adquiridos e como produção de novos saberes, de criação, desenvolvimento, aquisição, troca de saberes, em nível formal e, sobretudo informal, em âmbito individual e coletivo.

Por fim, os dados revelaram que a reflexão sobre o fazer docente se faz necessária pelo fato de que oportuniza ao professor realizar uma metarreflexão sobre a sua prática. A prática da EJA ainda carece de processos formativos voltados para as suas especificidades, uma vez que lida com uma diversidade de realidades, etnias, públicos, faixas etárias. Nesse contexto, o processo de reflexão-ação sobre a prática pedagógica, bem como a problematização dos saberes da experiência no âmbito da EJA, pode constituir-se em instrumento potencializador da definição de especificidades para esse campo de atuação pedagógica. Isso se justifica porque tal processo cria uma situação de reflexão, sugere a volta à ação, propiciando, em um terceiro momento, a re-construção da primeira reflexão e promovendo, dessa forma, um processo ao qual podemos chamar de sistematização da prática pedagógica, amparado por uma perspectiva de "renovação" dessa prática.

Dada a heterogeneidade da população atendida na EJA, um dos desafios que se impõe à formação docente é o reconhecimento das relações *de* saber que influenciam as diferentes relações *com* o saber. Há muito que se avançar em termos da formação de professores para atuarem no campo da EJA, por isso, abordar a questão da relação com o saber possibilita influenciar a relação com o próprio ofício docente. Dessa maneira, constrói-se uma possibilidade concreta de que um fazer diferenciado se efetive.

A pesquisa-formação, como espaço de formação continuada na EJA, pode se constituir em momento privilegiado de autoformação docente, evidenciando, o que Arroyo (2000) denomina de imagens e auto-imagens dos professores, suas concepções de educação, de sociedade e de homem ou mulher. Implica ainda o desafio de identificar pedagogias nas quais eles construíram seu modo de ser professor e, ao mesmo tempo, de estabelecer as condições a partir das quais cada sujeito recria os saberes da profissão. A centralidade dada ao que já está sendo feito pelos professores vem substituindo antigas práticas, em uma perspectiva de construir outras possibilidades, mais próximas ao contexto da educação em questão. Fortalecer o processo de reflexão nesses espaços contribuirá para que os professores da EJA assumam-se como protagonistas de seu fazer didático e a escola se constitua como um espaço de reflexão e produção teórica.

Referências

ARROYO, M. G. *Ofício de mestre: imagens e auto-imagens*. 2. ed. Petrópolis: Vozes, 2000.

BAQUERO, R. V. A. & FISCHER, M. C. B. A educação de jovens e adultos no Brasil: um campo político-pedagógico em disputa. *Educação Unisinos*. São Leopoldo: v. 8, n.15, p. 247-264, ano 2004.

BAQUERO, R. V. A. & CHAVES, S. G. Formação de educadores de jovens e adultos: Em que tradição se insere? A quais necessidades respondem? Um estudo de mudança curricular. In: *Anais do IV Encuentro Nacional y I Latinoamericano - La Universidad como Objeto de Investigación*. Tucumán, 2004.

BAQUERO, R. V. A. *et alli*. Alfabetização de jovens e adultos: ainda um desafio para um velho problema. In: FRAGA, D. S. (Org.). *Para uma política educacional de alfabetização*. São Paulo: Papirus, 1991. p. 191-215.

BAQUERO, R. V. A. Exclusões e privilegiamentos: um estudo sobre saberes da formação e da experiência docente no campo da Educação de Jovens e Adultos. *Relatório de pesquisa*. UNISINOS: FAPERGS, 2005.

BEILLEROT, J. *La formacion de formadores: entre la teoria y la práctica*. Buenos Aires: Ediciones Novedade Educativas, 1996.

BRASIL. *Lei de Diretrizes e Bases da Educação Nacional*. Brasília: MEC, 11 de agosto de 1971.

BRASIL. *Lei de Diretrizes e Bases da Educação Nacional*. Brasília: MEC, 20 de dezembro de 1996.

BRASIL. *Parâmetros Nacionais Curriculares: introdução aos parâmetros curriculares nacionais / Secretaria de Educação Fundamental.* – Brasília : MEC/SEF, 1997.

BRASIL. *Diretrizes Curriculares Nacionais da Educação de Jovens e Adultos.* Parecer n.º 11/2000. Brasília: MEC/CNE, 2000.

BRUNEL, C. *Jovens cada vez mais jovens na Educação de Jovens e Adultos.* Porto Alegre: Mediação, 2004.

CHARLOT, B. *Relação com o saber, formação dos professores e globalização: Questões para a educação hoje.* Porto Alegre: Artmed, 2005a.

CHARLOT, B. Formação de professores: a pesquisa e a política educacional. In: PIMENTA, S. G. & GHEDIN, E. (Orgs.). *Professor reflexivo no Brasil: gênese e crítica de um conceito.* São Paulo: Cortez, 2005b, p. 89-108.

CHARLOT, B. *Os jovens e o saber: perspectivas mundiais.* Porto Alegre: Artmed, 2001.

CHARLOT, B. *Da relação com o saber: elementos para uma teoria.* Porto Alegre: Artes Médicas, 2000.

CHARLOT, B. Relação com o saber e com a escola entre estudantes de periferia. In: *Cadernos de Pesquisa.* São Paulo: n.º 97. p. 47-63, maio 1996.

FREIRE, P. *Ação cultural para a liberdade e outros escritos.* São Paulo: Paz e Terra, 2000.

FREIRE, P. *Medo e ousadia: o cotidiano do professor.* Rio do Janeiro: Paz e Terra, 1997a.

FREIRE, P. *Pedagogia da autonomia: saberes necessários à prática educativa.* São Paulo: Paz e Terra, 1997b.

GADOTTI, M. *Boniteza de um sonho: ensinar-e-aprender com sentido.* Curitiba: Positivo, 2005.

GAUTHIER, C. *et alli. Por uma teoria da pedagogia: pesquisas contemporâneas sobre o saber docente.* Ijuí: UNIJUÍ, 1998.

HADDAD, S. (Coord.). *O estado da arte das pesquisas em Educação de Jovens e Adultos no Brasil: A produção discente da pós-graduação em educação no período de 1986-1998.* São Paulo: Ação Educativa, 2000.

JOSSO, M. C. *Experiências de vida e formação.* São Paulo: Cortez, 2004.

LETELIER, M. Experiencias de educación escolarización de jovenes y adultos. In: *Seminário Internacional de Educação de Jovens e Adultos.* São Paulo: MEC, p. 42-54, 1996.

LOMONACO, B. P. *Les sens, les savoirs, les saveurs: enseigner à l'école primaire.* Tese de doutorado em Sciences de L'education. Université de Paris 8. França, 1998.

MACHADO, M. M. A prática e a formação de professores na EJA: uma análise de dissertações e teses produzidas no período de 1986 a 1998. In: *Anais da 23ª Reunião Anual da ANPED*. Caxambu-MG, 2000. Edição eletrônica.

NÓVOA, A. (Org.). *Vidas de professores*. Porto: Porto, 1995.

NÓVOA, A. O professor pesquisador e reflexivo. *Entrevista*. Disponível em <http://www.tvebrasil.com.br>. Acesso em: 13 set. 2001.

RIBEIRO, V. M. A formação de educadores e a constituição da Educação de Jovens e Adultos como campo pedagógico. In: *Educação e Sociedade*, n. 68, Campinas: CEDES, p. 184-201, dez. 1999.

RIO GRANDE DO SUL. Secretaria Estadual da Educação. *Política Pública de Educação de Jovens e Adultos*. Porto Alegre, 2001.

SMYTH, J. Developing and sustaining critical reflection in teacher education. In: *Journal of Teacher Education*, v. 3, n. 2, p. 83-9, 1989.

SOARES, L. A formação do educador de jovens e adultos. In: SOARES, L. (Org.). *Aprendendo com a diferença: estudos e pesquisas em Educação de Jovens e Adultos*. Belo Horizonte: Autêntica, 2003. p. 121-141.

TARDIF, M. *Saberes docentes e formação profissional*. Petrópolis: Vozes, 2002.

A atividade de cuidar e educar crianças: uma rede de significados (re)construída pelo professor*

Messias Dieb

Considerações iniciais

Entre as muitas dificuldades que têm atingido a Educação Infantil (EI), podemos ressaltar a pouca preocupação dos administradores públicos com a qualificação profissional para o trabalho com as crianças. De acordo com a Lei de Diretrizes e Bases da Educação – LDB (BRASIL, 1996), para atuar nessa primeira etapa da educação básica, a formação mínima do professor deve ser aquela oferecida em nível médio, na modalidade Normal (cf. Art. 62). Embora as exigências legais em termos de formação para os professores sejam mínimas, o cumprimento dessa determinação tem se configurado como uma realidade ainda distante das instituições de EI brasileiras, com especial atenção às creches[1]. Sobre essa questão, Campos (2002) externou uma opinião um tanto pessimista ao dizer que tais instituições, sob as atuais "condições de trabalho e salário, somadas à extrema desigualdade social da população brasileira, configuram um tipo de ocupação que dificilmente atrairá as jovens[2] que conseguem uma escolaridade maior" (p. 30). Por esse e por vários outros fatores, a referida temática tem assumido grande relevância nos

---

* Versão modificada de um trabalho apresentado no GT-8, Formação de Professores, da 29ª. Reunião da ANPED em Caxambu – outubro de 2006 (cf. DIEB, 2006). Artigo produzido no âmbito do projeto *O professor da Educação Infantil e sua relação com o saber*, em andamento sob minha coordenação no Nuped, Grupo de pesquisa da UERN sediado no campus de Assú.

[1] Atualmente, com a ampliação do ensino fundamental de oito para nove anos, a EI tem se organizado em creches para atender às crianças até três anos de idade e em pré-escolas para as crianças de 4 a 5 anos de idade.

[2] O uso do artigo feminino antes dessa palavra, bem como o da referência *as professoras* traduz ainda hoje a presença preponderante das mulheres na EI.

debates do meio acadêmico, especialmente na área da pedagogia da infância (cf. OLIVEIRA-FORMOSINHO, 2007).

Ainda que não entendamos a formação dos professores como uma ação salvacionista para as dificuldades em torno da EI, torna-se impossível desconsiderar uma preparação mínima para exercer tal atividade, haja vista suas especificidades exigir do profissional uma performance democrática, específica e, ao mesmo tempo, polivalente diante das crianças. Para definir esse último termo, buscamos apoio no Referencial Curricular Nacional para a Educação Infantil[3] (BRASIL, 2001), o qual define como polivalência a capacidade de o professor trabalhar com os mais variados conteúdos, cuja abrangência vai "desde cuidados básicos essenciais [às crianças de pouca idade] até conhecimentos específicos [e essenciais a seu desenvolvimento, os quais são] provenientes das diversas áreas do conhecimento" (p. 41). É por esse motivo que defendemos que a preocupação com a formação dos professores de EI deva assumir também um importante lugar na pasta dos administradores públicos na área de educação.

Com a finalidade de contribuir com essa discussão, o presente capítulo tem por objetivo compreender o modo como os professores de EI concebem a atividade que exercem e investem na construção dos seus saberes, criando a teia de significados e de relações que lhe constituem sujeito dessa atividade. Para isso, partimos do pressuposto de que as concepções constituem as representações dos indivíduos e são produzidas na comunicação cotidiana da coletividade, principalmente através das relações e das práticas sociais que são mediadas e difundidas pelos próprios sujeitos que as produzem (cf. MOSCOVICI, 1978, 2001; THERRIEN, 1998a, 1998b). Além disso, ao serem vistas como uma forma de saber, tomamos as representações sociais (RS) como elementos que ajudam a tecer a grande rede de relações e de saberes que compõem, segundo Charlot (2000), a relação com o saber de um determinado sujeito.

As representações e a relação com o saber

A abordagem teórica das RS foi inaugurada em 1961 pelo psicólogo social Sèrge Moscovici (1978), o qual partiu da noção de *representações coletivas* (RC) de Durkheim (2000) para construir uma teoria que pudesse explicar o conjunto dos fenômenos relativos ao cotidiano dos sujeitos, assim como conhecer o conceito que os engloba, o que era impossível para as RC. Isso se deve ao fato de que a categoria defendida por Durkheim tratava os

---

[3] Doravante RCNEI.

saberes do senso comum como algo imutável, determinados e impostos pela sociedade e jamais construídos pelos atores sociais, o que não ocorre com as RS. Assim sendo, a questão para Moscovici (1978) passava a ser: como estudar o processo de construção e de transformação de saberes do campo científico para o senso comum, ou seja, como apreender os processos de transformação dos modos de pensamento e de criação de outros conteúdos, valendo-se da difusão dos saberes científicos e teóricos pelos meios de comunicação de massa e pelas interações sociais cotidianas.

Assim, a Teoria das Representações Sociais (TRS) postula, em linhas gerais, que as pessoas, ao receberem ou trocarem suas informações, imprimem-lhes grandes modificações no momento de representá-las, a fim de estabelecer comunicação ou agir em seu contexto social. Isso significa que, ao ser modificada pelo sujeito, uma informação ou noção difusa socialmente gera uma estrutura, que é a representação *stricto sensu*, sendo, concomitantemente, abstrata e figurada, pensada e concreta (cf. Moscovici, 2001). Nesse sentido, um dos princípios básicos da TRS é o de que o sujeito busca transformar um objeto não-familiar em familiar para ter o domínio compreensivo sobre ele.

Com o intuito de ampliar o conceito de RS, Jodelet (2001, p. 22), uma das maiores colaboradoras de Moscovici, propõe que as RS são identificadas como uma "forma de conhecimento, socialmente elaborada e partilhada, com um objetivo prático, e que contribui para a construção de uma realidade comum a um conjunto social". Além do referido conceito, deve-se a Jodelet a sistematização da teoria, cujas bases estão definidas em quatro argumentos: 1 – a RS é sempre a representação de alguém (sujeito) sobre algo (objeto); 2 – a RS estabelece com o seu objeto uma relação de simbolização (objetivação) e de interpretação (ancoragem); 3 – é uma forma de saber (conhecimento) e 4 – proporciona um ajustamento prático do sujeito a seu meio (compromisso psicossocial). Sob essa ótica, podemos inferir que muitos dos saberes dos quais nos apropriamos são, de certa forma, representações construídas a partir das relações que estabelecemos com um determinado objeto ou com vários objetos relacionáveis. Essas representações, portanto, orientam e são também orientadas por nossas práticas e relações sociais, configurando assim nossa subjetividade, ou seja, nossa relação com o saber (Charlot, 2000).

Sendo ainda mais específico, é no conjunto das relações sociais que constituem o sujeito que podemos compreender seus modos de pensar e estar no mundo. Com base nessa compreensão, é que a noção de relação com o saber diz respeito a própria construção do sujeito porque tem a ver com seu aprendizado acerca do mundo e em ação no mundo. Logo, ela nos remete ao

> conjunto das relações que um sujeito mantém com um objeto, um "conteúdo de pensamento", uma atividade, uma relação interpessoal, um lugar, uma pessoa, uma situação, uma ocasião, uma obrigação, etc., ligados de uma certa maneira com o aprender e o saber; e, por isso mesmo, é também relação com a linguagem, relação com o tempo, relação com a ação no mundo e sobre o mundo, relação com os outros e relação consigo mesmo enquanto mais ou menos capaz de aprender tal coisa, em tal situação. (CHARLOT, 2000, p. 81)

Não obstante as associações possíveis, faz-se necessária a diferenciação entre a noção de relação com o saber e a de representação do saber (objeto). Essa necessidade de diferenciação conceitual ocorre porque, segundo Charlot (2000, p. 84),

> a relação com o saber inclui provavelmente representações que não são "artefatos". Freqüentemente, porém, são representações de outras coisas, não, do saber. De maneira mais geral, a "relação com" inclui representações que não são necessariamente as representações daquilo a que a relação se refere. Assim, a relação com a escola pode envolver representações da escola, mas, também, do futuro, da família, presente e futura, do trabalho e do desemprego na sociedade de amanhã, das tecnologias modernas, etc.

Assim sendo, podemos aproximar as duas noções discutidas acima quando o objeto de representação for também, e principalmente, mas não só, o objeto ao qual a relação se refere. Apesar disso, vale salientar que os dois conceitos não se confundem e permanecem diferentes porque a representação "é um conteúdo de consciência (inserido em uma rede de significados), enquanto que a relação com o saber é um conjunto de relações (a própria rede)" (CHARLOT, 2000, p. 84). Portanto, mesmo que a representação de um objeto se construa na relação do sujeito com tal objeto, a noção de relação é mais ampla porque inclui não apenas sua representação, mas também as representações de outros objetos que com ele estabelecem e constituem um sistema.

Em outros termos, é possível ainda dizer que a relação com o saber de um sujeito constitui-se por meio da rede de significados que suas representações e saberes ajudam a tecer. Nesse sentido, como diz Charlot (2000, 2001, 2005), se o sujeito é indissociavelmente singular e social ao mesmo tempo, então suas representações e saberes são igual e simultaneamente individuais e sociais.

A fim de associarmos tais postulados ao tema deste capítulo, trazemos à discussão o fato de a EI ter alcançado nos anos de 1990 o *status* de direito da criança e dever do Estado, passando por várias transformações jurídicas e pedagógicas (cf. BRASIL, 1996, 1990). Desse modo, a referida etapa da educação básica passou a se constituir também como um objeto, uma atividade estranha à maioria dos professores que atuavam nessa área. Em virtude dessas transformações, inferimos que a maioria dos professores ainda não conseguiu se apropriar plenamente da natureza e dos novos objetivos propostos para a EI dentro de sua atual configuração, suscitando maior esforço intelectual para compreender as mudanças ocorridas. Portanto, tornou-se imperativo ao professor aprender outro modo de se relacionar com a criança, consigo mesmo e com o mundo em sua volta, de acordo com as situações que passou a vivenciar nas creches e pré-escolas e com a(s) nova(s) representação(ões) que construiu em torno da própria atividade de cuidar e educar.

É com base nessas reflexões que buscamos compreender como os professores de EI concebem sua atividade, estabelecendo com ela uma relação significativa e investindo na construção de outros saberes. Antes, porém, é preciso ressaltar que nossa compreensão de saber sinaliza para uma construção sociocognitiva que é fruto de uma relação que o sujeito estabelece com uma atividade (objeto) e para a qual ele atribui uma significação. Logo, é ao estabelecer tal relação que o sujeito (re)cria as representações e os saberes que o ajudarão dar sentido a suas práticas.

Procedimentos metodológicos

Os dados que aqui apresentaremos foram construídos com a utilização de um instrumento metodológico chamado *balanço do saber*. Esse instrumento é utilizado nas pesquisas sobre a *relação com o saber* pela ESCOL, equipe francesa da qual Charlot (2000) é fundador, e consiste em uma produção textual através da qual o sujeito é instigado a avaliar os processos e os produtos de sua aprendizagem. Para que tal produção ocorra, é necessário que o pesquisador lance uma proposta com um enunciado claro e objetivo, sempre adaptado a seus objetos de pesquisa e a seu público-alvo. O enunciado do balanço do saber para este estudo foi inspirado na pesquisa do Centro de Estudos e Pesquisas em Educação, Cultura e Ação Comunitária (CENPEC) e do Instituto de Assessoria e Pesquisa em Linguagem (LITTERIS) sobre a relação dos jovens brasileiros com o saber e a escola (cf. Cenpec & Litteris, 2001). Essas duas instituições buscaram, em 1997, compreender o lugar do saber na vida do jovem brasileiro que habita as camadas populares da nossa sociedade, "suas experiências relacionadas à aquisição dos saberes e o papel da escola nesse contexto" (p. 34). Em síntese, o que a pesquisa revelou foi que os jovens desejam se tornar sujeitos e cidadãos em seu espaço de atuação, mas que a escola tem pouco contribuído para isso.

Após a leitura do relatório dessa pesquisa, decidimos fazer uso do referido instrumento para o qual foram selecionados 26 (vinte e seis) professores[4] da EI do Vale do Assú, no Rio Grande do Norte. Os municípios que compõem o Vale são atendidos pela Universidade do Estado do Rio Grande do Norte (UERN) com os cursos de Economia, Letras, História e Pedagogia. Desse modo, elegemos como critérios de escolha para os sujeitos da pesquisa o fato de estarem cursando ou terem cursado Pedagogia; estarem em uma sala de aula de EI e que a instituição na qual se localizasse essa sala fosse mantida pelo poder público. Nosso estudo deixou de fora os professores da rede particular de ensino porque, embora a EI tenha suas particularidades seja em qual for a esfera administrativa, é possível encontrar certas diferenças no modo como os professores concebem essa atividade. Isso se justifica porque na instituição privada a participação familiar é bem maior do que na escola pública e, por isso, os professores associam certas diferenças a essa participação. Tomadas as devidas decisões, era hora de elaborar o texto do balanço do saber.

Assim, o enunciado do balanço que propusemos continha a seguinte proposta:

> Imagine que, na sua instituição, você recebeu a visita de uma estagiária. Ela está preste a se formar, mas não se considera preparada para assumir uma sala de crianças. O que você diria para ela? O que ela precisa para ser uma professora da Educação Infantil? Como você a ensinaria ser essa professora, mostrando também como você aprendeu ou está aprendendo?

O balanço foi realizado durante as visitas que fizemos a 13 (treze) instituições de EI do Vale do Assu, focalizando dois professores em cada uma dessas instituições. Os professores eram selecionados de acordo com a vontade de colaborar e com a disponibilidade de tempo para produzir os balanços. Assim, o dia e horário mais convenientes para isso era sempre às sextas-feiras, após a aula, quando os professores encerravam mais cedo suas atividades e podiam nos dar uma atenção maior. Solicitávamos que eles ficassem à vontade e escrevessem sem se preocupar com a beleza da escrita ou com a cientificidade dos textos. Nossa preocupação era a de que eles não fossem "verdadeiros" em suas respostas ou tentassem falseá-las para aparecer bem diante do pesquisador.

---

[4] Apesar de termos trabalhado apenas com professoras, utilizaremos o termo no masculino para não alimentarmos a cultura de que a EI é uma atividade exclusivamente feminina.

Após a produção de todos os balanços, fizemos uma leitura flutuante para termos uma primeira impressão do que havia sido escrito pelos professores. Com base em novas leituras, que se tornaram cada vez mais atentas, começamos a verificar a emergência dos investimentos tanto cognitivos como afetivos dos professores. A emergência desses investimentos foi útil para captar, principalmente, os saberes e as representações em torno da EI, conforme passaremos a demonstrar, utilizando para a identificação dos professores a letra maiúscula P (pê) seguida da numeração que demos aos balanços.

Os dados obtidos pelo balanço do saber

Sendo, segundo Charlot (2000), a representação um conteúdo de consciência que se insere em uma rede de significados e a relação com o saber um conjunto de relações, e, portanto, a própria rede, ao descrevermos a teia de significações composta pelas RS dos professores acerca da EI estaremos, igualmente, descrevendo elementos de sua relação com o saber. No entanto, não esquecendo que o conceito de representação não se encerra nem se funde ao de "relação com".

Um fato bastante interessante que constatamos acerca da *Educação Infantil* é que ela parece ser representada pelos professores não mais como uma missão vocacional, e sim como um trabalho. Isso nos faz inferir que os professores têm tomado consciência cada vez mais de que o caráter assistencialista fundador da EI não pode mais sobrepor-se à dimensão pedagógica que ela comporta e que essa dimensão é constitutiva do trabalho docente.

> Para se trabalhar com Educação Infantil é fundamental que você goste de criança, pois isso facilitará o seu trabalho [...] exige de você muita responsabilidade, é um trabalho pedagógico bem estruturado. (P1)

> Para trabalhar com a Educação Infantil é preciso ter tolerância, paciência, gostar de crianças e acima de tudo responsabilidade [...] é necessário ter conhecimentos diversos [...] saber transmitir os conteúdos necessários a aprendizagem de cada criança. (P2)

Assim sendo, no geral, a EI é vista como uma prática na qual o cuidar e o educar estão, de certo modo, indissociáveis. Exige muito da subjetividade do professor, mas também requer bastante conhecimento pedagógico, apesar da existência de outras concepções.

> Na qualidade de professora de uma classe de alfabetização não julgo ser necessário termos muitos conhecimentos, afinal sempre sabemos o que fazer. [...] (P15)

Nessas afirmações, percebemos que a EI é associada a uma classe de alfabetização, ou seja, esse seria seu principal aspecto pedagógico: alfabetizar.

Essa imagem e conceito (cf. Moscovici, 1978) construídos para a EI demonstram seu aspecto socialmente compartilhado, como diria Jodelet (2001), quando associamos a fala de P15 às "falas" de P1 e P2. Estes últimos se referem a EI como um "trabalho pedagógico bem estruturado" e que é preciso ao professor "saber transmitir os conteúdos necessários à aprendizagem da criança". Inferimos, assim, que os conteúdos aos quais os professores se referem sejam as regras do sistema de escrita alfabética.

Porém, a fala de P15 revela ainda como a EI é vista por muitas pessoas. Ela consiste em uma atividade, nesse caso dissociada do cuidar, para a qual não é preciso muita qualificação, "afinal sempre sabemos o que fazer". A idéia de que ensinar crianças é uma tarefa fácil nos parece ser cada vez mais fortalecida por estar associada à cultura de que para criança, em especial a criança pobre e negra, qualquer coisa serve (cof. Rosemberg, 2000, 2002). Em adendo, pode-se pensar que, como classe de alfabetização, ensinar a juntar letrinhas é algo que, nessa perspectiva, não precisa de mais conhecimentos por parte do professor.

Vista como um trabalho, a EI necessita, então, que o *professor* seja tomado como um profissional; um mediador consciente de suas atribuições e um educador polivalente e atento.

> Sem estar preparada é melhor que não assuma uma sala de crianças [...] O professor ou facilitador na área de educação infantil necessita ser de tudo um pouco, mãe, pai, enfermeira, psicóloga, e, acima de tudo, um bom profissional. (P8)

Entretanto, em meio a essa polivalência, podemos ainda perceber reminiscências do caráter assistencialista com que se revestiu, historicamente, a EI. Veja que na fala de P8 a figura da mãe e do pai aparece como equivalente à do professor. Tanto quanto a figura da "Tia", tão bem questionada por Freire (2001), as associações equivocadas entre os professores e os familiares da criança denunciam que alguns profissionais ainda têm outros modos de conceber sua prática. Vejamos o que nos diz mais um dos professores.

> Não concebo a educação como "profissão" e sim como missão. Ser professor de Educação Infantil é ser primeiro dinâmico, sereno, determinado e acima de tudo espirituoso. (P16)

Embora já tenhamos podido constatar acima que essa idéia não é predominante, nessa fala fica claro que os professores ainda pensam no ato pedagógico como uma missão, para a qual se fazem necessárias a docilidade e a serenidade do missionário, um sujeito "acima de tudo espirituoso", que aqui pode ser, provavelmente, interpretado como um sujeito de formação religiosa, não se tratando, pois, de uma pessoa divertida.

Considerando que o professor seja concebido como um profissional, qual é então o seu "objeto de trabalho"? Quem disse a *criança*, acertou. Mas a criança não pode ser reduzida a uma ferramenta, afinal ela é um ser humano. Por isso, os professores a concebem ou representam como um sujeito cheio de surpresas, o qual merece cuidados e educação; e que é, dialogicamente, partícipe da formação do professor[5].

> Sabemos que na sala de aula iremos enfrentar de tudo: crianças que nos idolatram, as que nos desafiam, as que têm ciúmes, as obedientes [...] devemos estar atentos [...] bem informada sobre as características de seu nível e história de cada uma para daí desenvolvermos as nossas atividades. (P3)
>
> Criança é sempre uma caixinha de surpresa e você tem que aprender com o tempo a não ser pego desprevenido. (P6)

Como podemos verificar, a subjetividade da criança é reconhecida pelos professores, os quais parecem por em prática, embora não esteja totalmente ao nível de sua consciência, o princípio de que o homem e, principalmente, "o ser do homem não é dado [pela natureza], tem que ser conquistado" (Olinda, 2004, p. 123). Por conseguinte, a criança é considerada como alguém com quem os professores aprendem e, por isso, são, de certo modo, partícipes de sua formação.

Nesse sentido, vejamos como ocorre essa participação através do que alguns professores nos disseram por meio do balanço do saber.

> Na Educação Infantil aprende-se com a rotina [...] aprende-se praticando, buscando atualizar os conhecimentos e com as crianças. (P2)
>
> A troca mútua de conhecimento entre professor-aluno [...] ajuda a construir o conhecimento, além de ampliar o conhecimento do professor e do aluno. (P7)
>
> Aprende-se dia-a-dia a trabalhar com a criança, buscando atender às necessidades que exige o trabalho dentro da Educação Infantil. (P26)
>
> Como professoras [...] aprendemos também todos os dias com nossas crianças. (P22)

---

5 Para maior aprofundamento dessa discussão em torno do aluno como partícipe da formação do professor, ver Barreto & Dieb (2006)

Ao tomarmos essas afirmações como base, podemos entender a formação sempre como um processo de humanização e de construção de subjetividades na relação com o outro. Assim sendo, é na interação com a criança que o professor apreende mais intensamente seu ofício e se constrói como sujeito da atividade de cuidar e educar.

Consoante às reflexões de Olinda (2004), tornar-se ou construir-se como sujeito é formar-se e, por isso, o processo de aprendizagem, seja do que for, está intrinsecamente ligado ao processo do *vir-a-ser* do homem. Logo, as RS consistem em materializar os processos e, ao mesmo tempo, os produtos da aprendizagem do homem sobre o mundo e na sua relação com ele, que é, nesse sentido, processos constitutivos da sua relação com o saber (CHARLOT, 2000).

Não obstante a importância da relação com a criança para a aprendizagem do ser professor de EI, há outro elemento muito significativo a ela inerente: a *família*. Esta parece também direcionar o trabalho do professor e trazer as informações de que ele precisa para "não ser pego desprevenido". Assim, a família tende a ser representada como uma instituição parceira na educação das crianças e que deve ajudar muito na aprendizagem dessa atividade, começando por compreender o que é a EI.

Isso se explica na medida em que alguns pais desconhecem as particularidades dessa atividade e contrapõem-se em idéias com os professores.

> O professor tem que ter muito jogo de cintura para superar os obstáculos, por isso precisa sempre estar procurando os pais para conversar com eles, para orientá-los e passar segurança e tranqüilidade, e com isso irão tendo a oportunidade de estarem mais perto dos professores dos seus filhos. Outra coisa [...] conscientizá-los de que a Educação Infantil não serve apenas para brincar e para servir refeições, pois é isso o que a maioria dos pais acham, [...] tem que mostrar a eles que tem todo um acompanhamento pedagógico. (P21)

Torna-se evidente a necessidade que os professores têm de engajar as famílias das crianças na instituição de EI. Parece-nos que, assim como os professores estão ainda aprendendo sobre suas funções junto às crianças, os pais também não compreendem a especificidade da EI com muita clareza, ao menos para poder colaborar com os docentes. Certamente, essas questões demandam outras discussões, especialmente porque elas passam pela constatação de que falta às creches e às pré-escolas uma proposta pedagógica que seja elaborada pelo coletivo da instituição e que conte também com a participação democrática dos pais.

Por essa razão, a aprendizagem dos professores sobre suas atribuições com as crianças se dá, praticamente, através da relação com os colegas de trabalho.

> Busquei muitas dicas, atividades e brincadeiras em livros e com outras professoras que já tinham experiência. (P24)
>
> Observando outros colegas e colocando as experiências em prática, pois foi assim que aprendi. (P19)
>
> Nenhum educador ensina o outro, pois não há receita pronta, o que existe [...] é uma longa troca de experiências que ajuda a engrandecer o nosso trabalho. (P6)

Podemos também destacar nessas "falas" a busca dos professores por dicas de como trabalhar com as crianças em livros sobre a EI. Apesar de sabermos que a realidade da leitura não é uma prática muito freqüente entre os professores, estes sabem que ela é importante e, por isso, inserem-na, juntamente com outras atividades e situações, no rol de seus processos formativos. São eles: os momentos de planejamento, a leitura, os cursos, etc.

> Trabalhar com Educação Infantil é muito gratificante, mas, na minha opinião, não existe conhecimento pronto a ser aplicado, é necessário que você participe de planejamentos, encontros, estudos, busque ajuda da supervisão e até mesmo dos professores veteranos. (P6)
>
> Conhecer obras de escritores que tratem de temas voltados para a Educação Infantil é fundamental. (P17)

Como podemos perceber, os professores são conscientes de que somente a prática cotidiana não solidifica sua formação. Eles dão uma demonstração evidente de que a leitura, os momentos do planejamento e os cursos de "capacitação" são importantes para a profissionalização. Vemos ainda que os professores acreditam na contribuição da Universidade, através do curso de Pedagogia, como um lócus de formação e construção do conhecimento.

> Acredito que [um] profissional que não tem sua prática junto à teoria, será mais difícil exercer ou trabalhar com crianças. (P10)
>
> Muita coisa que aprendi foi colocando em prática os conhecimentos adquiridos nos cursos de formação e no curso de Pedagogia. (P12)

A menção dos professores a esses vários momentos de formação nos faz recordar o trabalho de Angotti ([1994] 2001), para quem a falta de referências teóricas que orientem a prática docente nas instituições pré-escolares é uma ameaça à profissionalização. Angotti enfatiza que, para alcançar a profissionalidade, os professores precisam estar comprometidos com sua formação, a qual exigirá que eles aproveitem, além dos poucos investimentos que já são feitos, os bons momentos dos planejamentos, das reuniões pedagógicas e das trocas de experiências com seus pares. Por esse motivo, a autora sugere aos professores que busquem descobrir a semente da profissionalização que eles carregam consigo, a fim de superar a fragmentação do seu saber, ou, como dissemos em outra ocasião (DIEB, 2007), de superar a fragilidade em sua relação com o saber.

Consoante à análise do balanço, os professores constroem sua profissionalidade tecendo uma rede de relações significativas, as quais tendem a mediar e serem mediadas pelo conjunto das RS que costuram essa rede, ou seja, pelo conjunto de conteúdos de consciência que compõem a teia de significados e de saberes associados em sua relação com o saber. Não podemos deixar de ressaltar que, neste estudo, o que tomamos por "saber" diz respeito a todas as atividades e relações que são também mediadas por RS dos professores acerca dos elementos que gravitam em torno da tarefa de cuidar e educar as crianças menores de seis anos. Essa observação tem como pressuposto o fato de que, por mais próximos que sejam, as noções de RS e de relação com o saber continuam mantendo suas propriedades específicas.

Considerações finais

Ao chegarmos ao final deste capítulo, no qual nos propomos compreender o modo como os professores de EI concebem a atividade que exercem e investem na construção de seus saberes, é possível tecer algumas considerações tanto de ordem teórica como metodológica.

No que concerne às proposições teóricas que utilizamos, podemos dizer que, se as RS consistem em materializar os processos e, ao mesmo tempo, os produtos da aprendizagem do homem sobre o mundo, isso ocorre em franca relação com ele. Portanto, as RS podem ser perfeitamente identificadas dentro da relação com o saber de um determinado sujeito, a qual implica o conjunto de suas relações com o mundo, com os outros e consigo mesmo. No que tange ao aspecto metodológico, o balanço do saber se mostrou um instrumento de grande relevância para os estudos que tomam como apoio teórico tanto o conceito de representação social como o de relação com o saber, pois consegue "extrair" dos sujeitos muitas de suas experiências no mundo empírico, as quais podem ser consideradas como dados analíticos.

Assim sendo, o balanço do saber nos possibilitou compreender que os professores de Educação Infantil apresentam uma significativa relação com sua atividade, vista como um trabalho que não deve dissociar as ações de cuidar e educar. Por essa razão, as representações sobre o professor de EI, sobre a criança e a família centram-se em uma perspectiva socioantropológica, através da qual a subjetividade e a profissionalidade do professor são consideradas importantes para o desenvolvimento da criança. Nesse sentido, para ser professor de crianças é preciso sempre estar em parceria com a família, apesar de ainda existirem algumas posições diferentes.

Quanto a seus saberes, o professor tende a construí-los a partir das expectativas em relação à criança e a seus familiares. Assim, as RS que os professores formulam sobre esses dois elementos, constitutivos de parte de suas relações com o mundo, ajudam-nos a ter uma idéia de como o professor se relaciona com o saber, haja vista seu processo de desenvolvimento profissional ter como o "outro" que o constitui a criança e seus pais, além dos colegas de trabalho. Entretanto, esse "outro" da relação com o saber dos professores também diz respeito a seus colegas de trabalho com quem aprende a encontrar "modelos pedagógicos" para a constituição de sua subjetividade.

Finalmente, os professores demonstram a consciência de uma necessidade pela formação contínua e permanente, pois, além de tomar a criança como centro de sua ação intencional, educacional e pedagógica, ele vê em muitos outros processos formativos a oportunidade de dar sentido à ação e à instituição de EI. Por isso, os professores se expressam em favor de práticas de formação que sejam compatíveis com as prerrogativas inerentes às necessidades e às características das crianças e, a nosso ver, compatíveis também com as necessidades dos que com elas trabalham e constroem uma relação com o saber.

Referências

ANGOTTI, M. Semeando o trabalho docente. In: OLIVEIRA, Z. M. R. (Org.). *Educação Infantil: muitos olhares.* 5. ed. São Paulo: Cortez, 2001. p. 51-68.

BARRETO, M. S. & DIEB, M. A formação e a prática docentes: interligações políticas e pedagógicas. In: OLINDA, M. E. B.; FIGUEIREDO, J. B. *Formação humana e dialogicidade em Paulo Freire.* Fortaleza: Edições UFC, 2006. p. 195-208.

BRASIL. *Estatuto da Criança e do Adolescente.* Lei n.º 8.069/90, de 13 de julho de 1990. São Paulo: CBIA-SP, 1991.

BRASIL. *Lei de Diretrizes e Bases da Educação Nacional.* Lei n.º 9.394/96, de 20 de dezembro de 1996.

BRASIL. *Referencial curricular nacional para a Educação Infantil.* Brasília: MEC/SEF, 2001. v.1.

CAMPOS, M. M. A legislação, as políticas nacionais de Educação Infantil e a realidade: desencontros e desafios. In: MACHADO, M. L. A. (Org.). *Encontros e desencontros em Educação Infantil.* São Paulo: Cortez Editora, 2002. p. 27-33.

CHARLOT, B. *Relação com o saber, formação dos professores e globalização: questões para a educação hoje.* Porto Alegre: Artmed, 2005.

CHARLOT, B. A noção de relação com o saber: bases de apoio teórico e fundamentos antropológicos. In: CHARLOT, B. (Org.). *Os jovens e o saber: perspectivas mundiais.* Trad. Fátima Murad. Porto Alegre: Artmed, 2001. p. 15-32.

CHARLOT, B. *Da relação com o saber: elementos para uma teoria*. Trad. de MAGNE, B. Porto Alegre: Artmed, 2000.

CENPEC & LITTERIS. O jovem, a escola e o saber: uma preocupação social no Brasil. In. CHARLOT, B. (Org.) *Os jovens e o saber: perspectivas mundiais*. Trad. Fátima Murad. Porto Alegre: Artmed, 2001. p. 33-50.

DIEB, M. *Móbeis, saberes e sentidos: o professor da educação infantil e sua relação com o saber*. Tese (Doutorado em Educação Brasileira) – PPEDB, Universidade Federal do Ceará, Fortaleza, 2007.

DIEB, M. Educação infantil: espaço de representações sociais e de relações com o saber. [CD-ROM]. Caxambu-MG: *29ª reunião anual da ANPED* – GT n. 08-15 a 18 de outubro de 2006.

DURKHEIM, E. *As regras do método sociológico*. São Paulo: Martins Fontes, 2000.

FREIRE, P. *Professora sim, tia não: cartas a quem ousa ensinar*. São Paulo: Edições Loyola, 11. ed., 2001.

JODELET, D. Representações sociais: um domínio em expansão. In: JODELET, D. (Org.). *As representações sociais*. Trad. Lílian Ulup. Rio de Janeiro: EdUERJ, 2001. p. 17-44.

MOSCOVICI, S. *A Representação Social da Psicanálise*. Rio de Janeiro: Zahar Editores, 1978.

MOSCOVICI, S. Das representações coletivas às representações sociais: elementos para uma história. In: JODELET, D. (Org.). *As representações sociais*. Trad. Lílian Ulup. Rio de Janeiro: EdUERJ, 2001. p. 45-66.

OLINDA, E. M. B. de. O conceito de formação integral no projeto formativo moderno: aprendendo com a experiência cearense. In. OLINDA, E. M. B. de. (Org.). *Formação humana: liberdade e historicidade*. Fortaleza: Editora UFC, 2004. p. 118-135.

OLIVEIRA-FORMOSINHO, J. Pedagogia(s) da infância: reconstruindo uma práxis de participação. In: OLIVEIRA-FORMOSINHO, J. *et alii*. (Orgs.). *Pedagogia(s) da infância: dialogando com o passado, construindo o futuro*. Porto Alegre: ArtMed, 2007. p. 13-36.

ROSEMBERG, F. Do embate para o debate: Educação e assistência no campo da Educação Infantil. In: MACHADO, M. L. A. (Org.). *Encontros e desencontros em Educação Infantil*. São Paulo: Cortez Editora, 2002. p. 63-78.

ROSEMBERG, F. Educação Infantil, gênero e raça. In: GUIMARÃES, A. S. A. & HUNTLEY, L. (Orgs.). *Tirando a máscara: ensaios sobre o racismo no Brasil*. São Paulo: Paz e Terra, 2000. p. 127-164.

THERRIEN, A. T. S. *Trabalho docente: uma incursão no imaginário social brasileiro*. São Paulo: EDUC, 1998a.

THERRIEN, A. T. S. O trabalho docente e o seu valor social: representações sociais e campo pedagógico. *Cadernos da Pós-Graduação em Educação: identidades e representações sociais*. n. 09. Vl. 1/2. Fortaleza: Edições UFC, p. 47-54, 1998b.

Posfácio

Fundamentos e usos do conceito de relação com o saber

Bernard Charlot

A questão da relação com o saber não é nova. Permeia as obras de Platão, Descartes, Kant, Hegel, Marx, Nietzsche, entre outros, e na época contemporânea se faz perceber também na reflexão de Piaget, Bachelard, Foucault e de Certeau. O próprio conceito de *relação com o saber* se encontra em Lacan (1966) e no livro *La Reproduction*, no qual Bourdieu e Passeron (1970) falam de *relação com a cultura* e de *relação com a linguagem e com o saber* (cf. Charlot, 2005). Contudo, por mais importante que seja o tema da educação nessas obras, pelo menos em algumas delas, o referido conceito não se caracteriza como a preocupação fundamental dos autores. Nos debates sobre educação e formação, o conceito de *relação com o saber* apareceu como central no final na década de 1980, na França. Para mim[1] e a ESCOL, equipe que fundei na Universidade de Paris 8, tratava-se de propor uma nova abordagem da questão do fracasso escolar, foco da Sociologia da Educação na década de 1970. Para Jacky Beillerot e sua equipe[2] de Paris X, a questão central era a do desejo, numa abordagem psicanalítica. Mais tarde, Yves Chevallard, que desenvolveu o conceito de *transposição didática*, introduziu a noção de relação com o saber na didática, defendendo a idéia de que o acesso ao saber requer que se estabeleça com esse a relação suposta pela instituição que o oferece.

O conceito de *relação com o saber* se espalhou de modo rápido entre os que se dedicam à questão da educação na França, até entre os docentes, baseado particularmente na perspectiva que a equipe ESCOL propunha, a qual era, entre as três, a abordagem mais ligada às situações e práticas

[1] Estou fazendo uso da primeira pessoa "eu", neste texto, por achar um tanto ridículo dizer "nós" ou "Charlot". Essa é também uma questão de relação com o saber.

[2] Conferir os textos de Beillerot; Blanchard-Laville & Mosconi (1996).

vivenciadas no dia-a-dia da sala de aula. Nos últimos anos, esse conceito propagou-se no Brasil, onde já foram defendidas várias dissertações de mestrado e teses de doutorado sobre o tema. O fato de eu ter migrado para o Brasil, onde ministro palestras e ensino na Universidade Federal de Sergipe (UFS), contribuiu, claro, para a divulgação do conceito. Mas ele não teria se propalado assim se a situação da escola brasileira não se prestasse ao seu uso. Hoje estamos publicando este livro sobre a relação com o saber, cujo mérito, entre tantos outros decorridos da qualidade de seus textos, é oferecer uma miscigenação das culturas francesa e brasileira.

Gostaria de aproveitar a oportunidade deste posfácio para refletir um pouco sobre o sucesso do referido conceito, na França e no Brasil.

Por que o sucesso do conceito de relação com o saber na França e no Brasil?

Na França, esse conceito possibilitou desbloquear um debate que a Sociologia da reprodução tinha trancado.

Não se trata de negar o valor dessa Sociologia que evidenciou, à contracorrente das ideologias dominantes da época, a desigualdade social face à escola e na escola. É hoje um fato comprovado: a escola contribui para a reprodução das desigualdades sociais. Resta, porém, entender como as desigualdades sociais são transformadas em desigualdades cognitivas e culturais por uma escola e práticas que não pretendem fazer isso, muito pelo contrário. Resta, ainda, compreender a razão de, apesar de todas as estatísticas, haver alunos oriundos de meios populares que têm êxito na escola e filhos da classe média que fracassam. Logo, a questão é: o que acontece na história desses jovens? A abordagem em termos de relação com o saber possibilita abrir esses debates.

Ao sustentar a tese de que as probabilidades estatísticas não representam ou traduzem fato algum, ao ressaltar que os filhos das famílias populares não são excluídos da escola ou nela marginalizados por causa direta de seu pertencimento social, mas por suas dificuldades escolares, mesmo que essas estejam muitas vezes ligadas (mas como?) a esse pertencimento, ao destacar que as práticas dos docentes produzem efeitos (evidência um tanto esquecida no debate sociológico...), o conceito de relação com o saber autoriza, e até exige, que os docentes tentem mudar o destino estatístico, sem, para tanto, terem que negar a desigualdade social. Essa não é apenas o efeito de estruturas sobrepujantes, ela decorre também das práticas que, no dia-a-dia, aceitam a ordem social como se fosse uma ordem natural. Mais uma vez, não se trata de ignorar a questão político-social, trata-se sim de incorporar os ideais sociais nas práticas cotidianas ou, pelo menos, de tentar fazê-lo.

Os docentes são vítimas do papel da escola numa sociedade capitalista e, de modo mais amplo, hierarquizada; mas eles são também atores e, por isso, mesmo que não sejam deuses (ou deusas...), não são impotentes. As nossas sociedades não são apenas lugares de exploração e dominação, como supôs a Sociologia da reprodução, elas são também, e antes de tudo, como nos ensinou Marx, lugares de luta. Não são somente conjuntos de posições, são, igualmente, espaços de atividades. Nem os alunos nem os professores são simples objetos dominados; são sujeitos e, como tais, podem recusar o destino e tentar subverter a ordem dominante. – *Vocês nos devolveram a nossa dignidade* – disseram-nos alguns docentes da periferia norte de Paris, onde foram feitas as primeiras pesquisas da equipe ESCOL. A essa fala acrescentarei: pretendemos devolver também a dignidade dos próprios alunos dos meios populares.

Essas reflexões valem tanto para o Brasil como para a França. Gostaria, porém, de destacar alguns pontos que, apesar de não serem específicos do Brasil, me parecem ter mais relevo em relação a ele. Ainda que a maioria dos jovens entre 7 e 14 anos não esteja presente todos os dias na sala de aula, o País conseguiu, recentemente, matricular 97% deles na escola. Desse modo, o Brasil passa a enfrentar um problema que a França descobriu nos anos de 1970, ou seja, não basta acolher os jovens na escola, o desafio é fazer com que eles tenham mesmo o acesso ao saber. Com base nisso, pergunto: por que será que muitos deles não estão a fim de estudar na escola, se podem aproveitar uma oportunidade que seus pais não tiveram? Por que nem sempre conseguem aprender quando estudam? Minha aposta é a de que a abordagem em termos de relação com o saber possa contribuir para enfrentar esse desafio.

Para tanto, porém é preciso acabar com uma oposição artificial entre docentes *tradicionais* e *construtivistas*. O professor brasileiro, isto é, a professora, tem práticas basicamente tradicionais, bem como a professora francesa e as professoras do mundo inteiro. Mas como poderia ser de outra maneira em uma escola cujos espaços, tempos, formas de distribuição dos alunos e de avaliação foram e continuam sendo pensados em referência à dita pedagogia tradicional? Apesar disso, as professoras tradicionais sabem que devem dizer que são construtivistas... É preciso pôr fim a esse jogo de faz-de-conta. Não há condições no Brasil, considerando possíveis exceções, é claro, para as professoras terem práticas construtivistas. Quem sustenta a idéia contrária, que me mostre como ele faz, nas condições normais de uma sala de aula normal! Isso não significa dizer que as práticas das professoras sejam satisfatórias e não possam evoluir. Significa que o assunto não é aquele da etiqueta a ser colocada na professora, e sim o do passo à frente que uma professora "normal" pode dar, hoje em dia, no Brasil.

Estou insistindo na palavra "normal" porque, com efeito, me parece necessário ainda acabar com a formação voltada para uma pedagogia ideal e falar da melhor pedagogia possível. Os ideais são úteis quando mostram para onde caminhar nas ações reais, já que incitam sempre a dar um passo para a frente. Todavia, os ideais tornam-se opressivos quando têm por efeito desvalorizar as ações possíveis e desprezar os seus atores. Na maioria das vezes, a professora não é uma santa, nem uma militante, ainda menos uma santa militante, como suposto por muitos discursos pedagógicos. Deixemos trabalhar as santas e as militantes, as quais pouco precisam de nós, e cuidemos das professoras "normais", que preferem ir à praia a dar uma aula de matemática; o que não significa que não sejam ou não possam vir a ser boas professoras. Descobri no Brasil que a palavra "ordinário" remete a um insulto e que "especial" representa uma qualidade. Além disso, tiveram de me explicar o que queriam dizer na primeira vez que me qualificaram de "fera", com um discurso "bárbaro"! É "ordinário" o que está regular, *na ordem usual das coisas* (cf. Dicionário Aurélio), e é "especial" o que está *fora do comum*. Assim sendo, sou ordinário, comum, normal, e a professora brasileira também. Não quero ser uma "fera" (*animal bravio e carnívoro, pessoa cruel e sanguinária*), nem ser considerado "bárbaro", isto é, *selvagem, rude, inculto*. E espero que a professora brasileira tampouco seja uma fera bárbara... Ambicionemos formar professores e professoras normais, isto é, profissionais eficazes, éticos e dedicados; formá-los no Brasil todo, nas condições atuais de ensino (e, se possível for, em condições melhores).

O que diria, portanto, a uma professora "normal" se tivesse que lhe apresentar o conceito de relação com o saber?

Relação com o saber: alguns enunciados fundamentais

Não pretendo apresentar aqui a teoria da relação com o saber. Aliás, essa já foi bastante evocada neste livro. Gostaria apenas de destacar alguns enunciados que me parecem básicos[3]. Começarei pelos fundamentos antropológicos e, a seguir, apresentarei conseqüências pedagógicas e didáticas desses fundamentos. Se tivesse que expor esses enunciados a uma professora "normal", iria fazê-lo na ordem inversa, começando por aqueles que têm sentido na sua prática e nas situações que ela conhece e esclarecendo-os à luz dos fundamentos.

* Quem nasce é uma cria inacabada, que só se tornará humana ao apropriar-se, pelo menos parcialmente, do que foi construído coletivamente, no decorrer dos séculos, pelos seres humanos que nos antecederam.

[3] A ordem de apresentação não é linear, apesar de tampouco ser aleatória. Cada enunciado leva a vários outros, no que constitui uma rede de conceitos, e não uma linha.

* Cada ser humano é também membro de uma sociedade (e de uma cultura) e sujeito singular insubstituível; portanto a educação é, indissociavelmente, um processo de humanização, socialização e subjetivação-singularização. O pesquisador pode se especializar no estudo de um ou de outro aspecto, já o educador deve levar em consideração as três vertentes da educação. Posto isso, opor no ser humano o "social" e o "psíquico" não faz sentido. Cada ser humano é, ao mesmo tempo, 100% social e 100% psíquico, sendo o total, novamente, 100% e não 200%; em termos mais acadêmicos, a relação entre o social e o psíquico não é aditiva, é multiplicativa.

* Cada um de nós é educado por seres humanos que nos antecederam no mundo; se não fosse o caso, não nos tornaríamos humano. Cada um de nós se educa a si mesmo; se não nos apropriássemos do que nos é ofertado pelo mundo humano, nada aconteceria, sejam quais fossem os esforços dos adultos. Em outras palavras, a educação é ao mesmo tempo um processo "de fora" e "de dentro". Ou ainda: a educação é tanto transmissão de um patrimônio como autocriação singular. Ela é encontro de uma história coletiva e de uma história singular, tendo cada uma dessas uma escala temporal diferente.

* O ser humano, desde que nasce, ocupa no mundo, em sua sociedade, em sua família, uma determinada posição, que incide sobre o que lhe é oferecido e sobre a educação que ele recebe e da qual se apropria.

* Como todos os seres vivos, o ser humano é ativo.

* Por ser inacabado e estruturalmente incompleto, o ser humano é foco de desejos. Sua atividade se constrói no encontro de desejos, de necessidades e de possibilidades (incluídas normas e interdições sociais). Não há atividade que não seja enraizada, diretamente ou indiretamente, em desejos, e não há atividade que não seja estruturada e orientada por normas. Desejos podem ser conscientes ou inconscientes. Normas podem ser consubstanciais às atividades ou a elas imputadas por imposição, incluída a imposição interiorizada.

* Os desejos, conquanto desejos e não apenas necessidades biológicas, advêm e transformam-se em determinadas relações do ser humano com o mundo, com os outros e consigo mesmo. A satisfação de um desejo produz prazer no sujeito (ou "gozo", como dizem os psicanalistas).

* Devido a uma misteriosa e ainda inexplicada capacidade de sua espécie, o ser humano fala e, de forma mais geral, interpreta o mundo, dá-lhe um sentido. O sentido pode condizer com os desejos do sujeito (ser "positivo") ou contrariá-los (ser "negativo").

* Por ser sujeito de sentido, o ser humano é "lógico", isto é, existe sempre uma forma de racionalidade na sua conduta, inclusive quando ele delira. Mas as lógicas podem ser diferentes, e até contraditórias, em particular quando foram construídas em espaços sociais e culturais diferentes. Quem raciocina numa determinada lógica, ou age em referência explícita ou implícita a certa lógica, tende a considerar aqueles que raciocinam ou se comportam conforme outra lógica como loucos, selvagens, esquisitos, etc.

* Haja vista que o trabalho do pesquisador é construir formas de inteligibilidade do mundo, conclui-se que ele deve tentar identificar as várias lógicas que se encontram e, às vezes, se enfrentam, em determinados espaços sociais e institucionais. É o que chamo de leitura em positivo[4]. Quando o pesquisador pretende explicar o mundo com base em "falhas", "carências", "handicaps", etc., ele adota sem querer a leitura (em negativo) de quem nega a racionalidade dos que não têm a mesma lógica da sua.

* Do princípio fundamental que só se humaniza quem se apropria da "humanidade" (ou "humanitude") construída pela espécie no decorrer de sua história coletiva, pode-se deduzir que só se torna ser humano quem aprende. Aprender não é uma escolha, é uma necessidade imprescindível para o ser humano viver. Portanto, espontaneamente o ser humano quer aprender. A chamada "preguiça" não é uma característica natural de certos seres humanos, é um desvio da condição humana produzido no decorrer da educação.

* A espécie humana construiu, ao longo de sua história coletiva, vários tipos de processo e instrumento para o ser humano se relacionar com o mundo, com os outros e consigo mesmo e produziu vários tipos de obra: gestos, operações, atividades normalizadas, sentimentos, operações intelectuais, sistemas de explicação do mundo, etc. e ainda objetos, máquinas, dispositivos, mercadorias, serviços, instituições, empregos, livros, quadros, etc. Apropriar-se dessas obras é uma atividade que produz vários tipos de resultado: novas relações ativas com o mundo, palavras e enunciados, formas intersubjetivas e subjetivas, modos de interpretação do mundo. Essas "formas do aprender" podem ser interligadas, o que ocorre quando uma delas induz em outras efeitos de "intersignificação"; mas nem sempre acontece isso e, em

---

[4] Beatriz Lomonaco está certa quando salienta, em seu texto neste livro, que a expressão *leitura em positivo* (em francês, *lecture en positif*) é mais pertinente que a tradução *leitura positiva*.

todo caso, elas permanecem diferentes, heterogêneas e, às vezes, concorrentes. Portanto, pretender agrupá-las em uma só categoria, denominada "saber", mesmo que se construam subcategorias, é pouco pertinente; e, ao fazê-lo, corre-se o risco de que as formas dominantes do aprender imponham suas lógicas específicas às outras.

* Há lugares, situações, dispositivos, pessoas, instituições em que existem maiores probabilidades de se encontrar tal ou qual forma de aprender e de se ser ensinado. Posto isso, cabe, ao mesmo tempo, afirmar que nenhuma instituição pode ensinar todas as formas do aprender e que cada instituição tem uma lógica específica de ensino.

Com base nesses fundamentos, deduzem-se algumas regras relacionadas à escola, as quais, aliás, podem ser induzidas de uma observação "ingênua" das situações, práticas e histórias de ensino; mas, por ser imbuído de sentidos, preconceitos e sistemas cristalizados de interpretação do mundo, o ser humano deve fazer um grande esforço teórico para conseguir a ingenuidade.

* A escola não é o único lugar em que se aprende. Fora dela, aprendem-se outras coisas que valem a pena ser aprendidas. Desse ponto de vista, a escola deve prestar bastante atenção para não ceder a uma certa tentação de arrogância em relação a outras formas de aprender.

* Na escola, ensinam-se coisas que não podem ser ensinadas em outros lugares, sejam essas coisas conteúdos, modos de raciocínio, sejam essas formas de se relacionar com os outros ou consigo mesmo. Portanto, a preocupação de ligar escola e comunidade não deve levar a confundir tudo e a esquecer as especificidades de cada uma, especialmente as da escola. Se esta ensina o que se pode aprender fora dela, passa a ser, então, uma instituição inútil.

* Existem, às vezes, interligações (formas de intersignificação) entre o que se aprende dentro e fora da escola. Mas nem sempre é o caso e podem também ser encontradas relações de concorrência, em particular quando formas escolares e não-escolares de aprender são valorizadas por meios sociais e culturais diferentes.

* Por mais estranhos que pareçam, às vezes, os comportamentos ou raciocínios dos alunos sempre remetem a uma forma de lógica, de racionalidade que nem sempre é a lógica da escola e a dos professores. A escola é que pode parecer estranha a quem não entendeu sua especificidade. Por exemplo, na vida, quem "não sabe" pergunta a quem "sabe", ao passo que, na escola, o professor, "que sabe", pergunta ao aluno, que nem sempre "sabe". Na lógica da vida, isso é absurdo; na lógica específica da escola, é racional.

* Na escola, só aprende quem desenvolve uma atividade intelectual. Não se pode aprender no lugar de ninguém, já que a educação implica um movimento "de dentro". Não há mobilização intelectual sem desejo e este esmorece se nunca leva ao prazer da satisfação. Sempre uma atividade visa a um objetivo, um resultado, mas o que a sustenta, o que lhe dá sentido e confere sentido ao objetivo é um desejo e o prazer antecipado da satisfação deste. E qual pode ser esse desejo?

Pode ser o desejo de aprender por aprender, isto é, de se apropriar de uma parte do patrimônio humano. Nesse caso, é só apresentar um conteúdo ao aluno para que ele aprenda. Pode acontecer essa situação, mas é rara, enquanto muitas práticas dos professores a supõem.

Pode ser ainda o desejo de aprender uma coisa "útil", isto é, imediatamente aplicável fora da escola. É verdade que se ensinam também coisas úteis na escola; porém, são poucas, apesar das inúmeras mentiras dos docentes e dos pais a esse respeito. Na escola, ensinam-se poucas coisas úteis e muitas coisas importantes. O que pode ser considerado importante?

É importante entender melhor o mundo que nos rodeia, quem são os seres humanos com os quais compartilhamos esse mundo, quem somos nós e qual a vida que é nossa.

É importante sentir-se inteligente, forte, capaz de "ser alguém na vida", o que nos proporciona um prazer narcísico e mais ousadia para explorar o nosso mundo e nos apropriarmos de uma parte cada vez maior dele.

É importante também sentir-se pertencendo a uma comunidade que compartilha determinados saberes, como salientado neste livro por Júlio César Araújo; seja essa a comunidade dos internautas, dos poetas, seja essa a dos gênios matemáticos.

Resumidamente, é importante sentir-se mais ser humano, mais membro de uma comunidade, mais sujeito insubstituível. Afinal de contas, os alunos conferem importância à educação quando percebem no seu âmago que essa cumpre sua função antropológica.

* Ao falar assim do sujeito, não se deve esquecer de que ele sempre é um ser social também. O que lhe é útil, o mundo que o rodeia, esse "alguém" que ele ambiciona ser, as comunidades nas quais adentra não são iguais quando se vive numa favela ou na frente do Shopping. O social não é uma dimensão suplementar da *relação com o saber*, ele a permeia, tanto do ponto de vista epistêmico quanto na sua vertente identitária.

E o livro?

Talvez o leitor estranhe que eu ainda não tenha comentado o próprio livro e pergunte: – *Que posfácio esquisito é este, que nem fala do livro?* Ao leitor eu poderia responder: que já o leu, que não precisa de mim para saber se valeu a pena, e que eu não teria feito tantos esforços de análise, além do mais em português, se, a meu ver, o livro não os merecesse. Mas, é verdade, também, que o leitor tem o direito de saber se Charlot carimba um livro em que, tantas vezes, é citado Charlot. Sim, carimbo! Por quatro razões, pelo menos.

Em primeiro lugar, este livro pratica uma leitura em positivo, o que é uma exigência primordial e *sine qua non* da teoria da relação com o saber. Não diz ele o que *falta* aos alunos da escola rural ou da EJA, ou aos que não conseguem ler, ou aos que escrevem o *internetês*, mas qual é o seu mundo, qual é a sua atividade.

Em segundo lugar, o livro se interessa tanto pela atividade mais básica da escola, isto é, pela leitura, como por seus setores marginalizados e até por esse concorrente que é o Orkut. Poder-se-ia dar mais um passo à frente e investigar como se aprende a dirigir um carro, a dançar, a ser pai ou mãe, a relacionar-se com os clientes da loja ou a assaltar um ônibus, aprendizagem essa que é terrivelmente séria, já que o fracasso se paga caro. Mas cada coisa a seu tempo; talvez seja cedo demais para os pesquisadores ousarem investigar tais formas do aprender.

Em terceiro lugar, a questão da relação entre aprender dentro e fora da escola permeia muitos capítulos deste livro. Isso me parece importante, uma vez que permanece em mim a mesma convicção que eu tinha quando fundei a equipe Educação, Socialização e Coletividades locais (ESCOL): é naquela relação entre o dentro e o fora que reside a resposta pedagógica à questão social da "reprodução".

Por fim, os autores dos vários capítulos deste livro apropriaram-se do conceito de relação com o saber para levantarem novas questões, sem nunca considerá-lo como uma resposta. Isso me parece essencial: *relação com o saber* é uma nova abordagem das questões relacionadas à educação, à escolarização, à aprendizagem, não é, por si, uma resposta.

Referências

BEILLEROT, Jacky; BLANCHARD-LAVILLE, Claudine; MOSCONI, Nicole (Dir.). *Pour une clinique du rapport au savoir*. Paris: L'Harmattan, 1996.

BOURDIEU, Pierre & PASSERON, Jean-Claude. *La Reproduction*. Paris: Minuit, 1970.

CHARLOT, Bernard. *Relação com o Saber, Formação dos Professores e Globalização: questões para a educação hoje*. Porto Alegre: Artmed, 2005.

LACAN, Jacques. *Écrits*. Paris: Seuil, 1966.

Os autores

Ana Lúcia Espíndola

Doutora em Educação pela Universidade de São Paulo (USP), com Doutorado Sanduíche na Universidade de Paris 8. Professora da Universidade Federal do Mato Grosso (UFMS) – *Campus* de Três Lagoas e no Programa de Pós-Graduação em Educação da UFMS, onde desenvolve e orienta estudos sobre alfabetização e letramento.

Email: *anaespindola@uol.com.br*

Beatriz Penteado Lomonaco

Doutora em Ciências da Educação pela Universidade de Paris 8 e pós-doutora pela Faculdade de Educação da Universidade de São Paulo (USP). Trabalha na Fundação Tide Azevedo Setúbal, em São Paulo, e é diretora da Casa de Cultura Miguel Reale, em São Bento do Sapucaí.

Email: *bplomonaco@uol.com.br*

Bernard Charlot

Doutor e livre-docente (*Doctorat d'Etat*) em Educação pela Universidade de Paris X. Professor emérito de Ciências da Educação da Universidade de Paris 8, onde criou, em 1987, a equipe de pesquisa ESCOL junto ao Departamento de Ciências da Educação. Atualmente, é professor-visitante no Programa de Pós-Graduação em Educação da Universidade Federal de Sergipe (UFS).

Email: *bernard.charlot@terra.com.br*

Élisabeth Bautier

Doutora e livre-docente (*Doctorat d'Etat*) em Letras e Ciências Humanas pela Universidade de Paris V. Atualmente é professora em Ciências da Educação da Universidade de Paris 8, onde também é responsável pela equipe de pesquisa ESCOL na qual desenvolve e orienta estudos sobre as relações com o saber e a escola de alunos de bairros populares da cidade de Paris.

Email: *bautier@wanadoo.fr*

Júlio César Araújo

Doutor em Lingüística pela Universidade Federal do Ceará, onde trabalha como professor e pesquisador no Programa de Pós-Graduação em Lingüística (PPGL) e no Departamento de Letras Vernáculas, desenvolvendo e orientando estudos sobre hipertexto, gêneros digitais e EaD. É coordenador do grupo de pesquisa HIPERGED do PPGL. Homepage: http://www.julioaraujo.com

Email: *araujo@ufc.br*

Karine dos Santos

Mestre em Educação pela Universidade do Vale do Rio dos Sinos (UNISINOS). Trabalha na área da Juventude e Educação de Jovens e Adultos em espaços de educação não-formal e é coordenadora do Centro de Vivência Redentora – Fundação Semear/RS.

Email: *karinesan@gmail.com*

Messias Dieb

Doutor em Educação pela Universidade Federal do Ceará (UFC). Professor adjunto no Departamento de Educação da Universidade do Estado do Rio Grande do Norte (UERN), campus de Assú, e pesquisador do Núcleo de Pesquisas em Educação (NUPED) e pesquisador do grupo de pesquisa ludicidade, discurso e identidades nas práticas educativas (LUDICE), do Programa de Pós-Graduação em Educação da UFC.

Email: *mhdieb@gmail.com*

Rute Vivian Angelo Baquero

Doutora em Educação pela Florida State University, USA. Professora titular no Programa de Pós-Graduação em Educação da Universidade do Vale do Rio dos Sinos (UNISINOS). Desenvolve e orienta estudos sobre a Juventude e Educação de Jovens e Adultos, no âmbito da linha de pesquisa Educação e Processos de Exclusão Social.

Email: *rbaquero@unisinos.br*

Sylvie Delacours-Lins

Doutora em Ciências da Educação pela Universidade de Paris V. Professora no Programa de Pós-Graduação em Educação Brasileira e no Departamento de Fundamentos da Educação da Faculdade de Educação da Universidade Federal do Ceará (UFC).

Email: *sylviedl@ufc.br*

QUALQUER LIVRO DO NOSSO CATÁLOGO NÃO ENCONTRADO NAS LIVRARIAS PODE SER PEDIDO POR CARTA, FAX, TELEFONE OU PELA INTERNET.

Rua Aimorés, 981, 8º andar – Funcionários
Belo Horizonte-MG – CEP 30140-071

Tel: (31) 3222 6819
Fax: (31) 3224 6087
Televendas (gratuito): 0800 2831322

vendas@autenticaeditora.com.br
www.autenticaeditora.com.br

ESTE LIVRO FOI COMPOSTO COM TIPOGRAFIA PALATINO E IMPRESSO EM PAPEL OFF SET 75 G. NA FORMATO ARTES GRÁFICAS.